Heike Wendler
Freunde fürs Leben

Heike Wendler

FREUNDE FÜRS LEBEN

Himmlische Hundegeschichten

benno

Bibliografische Information der Deutschen Nationalbibliothek
Die Deutsche Nationalbibliothek verzeichnet diese Publikation
in der Deutschen Nationalbibliografie; detaillierte bibliografische
Daten sind im Internet unter http://dnb.d-nb.de abrufbar.

Besuchen Sie uns im Internet:
www.st-benno.de

Gern informieren wir Sie unverbindlich und aktuell
auch in unserem Newsletter zum Verlagsprogramm,
zu Neuerscheinungen und Aktionen.
Einfach anmelden unter www.st-benno.de

ISBN 978-3-7462-5159-2
St. Benno Verlag GmbH, Leipzig
Umschlaggestaltung: Rungwerth Design, Düsseldorf
Gesamtherstellung: Kontext, Lemsel (A)

Inhalt

Der Boss auf der Weide

Was bitteschön war denn ein „zweites Standbein", fragte ich mich, während wir langsam auf die Weide zu liefen. Ich hatte meine Herde im Griff, keines der Schafe tanzte aus der Reihe, deshalb konnte ich mich auch derart komplizierten Gedankengängen hingeben. Doch zurück zum Bein, Standbein wohlgemerkt, dem zweiten! Seltsame Geschichte, und irgendwie auch kurios. Vor allem, wenn Menschen, die ohnehin schon zwei Beine hatten, darüber sprachen. Wollten sie ein Bein mehr haben? Dann hätten sie drei, so weit konnte sogar ich zählen, aber was zum großen Wurstzipfel wollten sie denn mit einem weiteren Bein machen?

„Hey, nicht ausbüxen!", bellte ich dem frechen Schaf zu, das sich mal eben fix aus dem Staub machen wollte. Wenn man hier nicht auf der Hut war, machten die Schafe, was sie wollten.

„Milli, komm!" Mein Herrchen, Bauer Jansen, pfiff und ich sauste sofort los. Er brachte wie jeden Tag die Schafe auf die Weide, inspizierte alles und ich half ihm natürlich dabei. Ehrlich gesagt, ohne mich ging hier gar nichts! Als Border Collie war ich geradezu perfekt für diese Arbeit. Ich rannte gern rum und passte auf, mehr brauchte man bei den Schafen auf der Weide auch nicht zu tun. Und wenn mal eins gar nicht hören wollte, dann bellte ich es einfach an, dann spurte es wieder. Auch springen und bedrohlich die Zähne fletschen konnte ich hervorragend, was zumindest

die Schafe immer sehr beeindruckte. Meine Menschen fanden das eher drollig, wie Simone, Bauer Jansens Tochter, die, die sich nun das zusätzliche Bein wünschte. Sie lachte dann immer, stürzte sich fröhlich auf mich, wuschelte mir über meinen schwarz-weiß-gescheckten Kopf und knuddelte mich ausgiebig – eine großartige Sache, ich liebe es! Als ich noch kleiner war, hatte sie mich auch oft auf den Arm genommen. Aber mit fünf war ich nun längst ausgewachsen und viel zu schwer für sie. Auch für Bauer Jansen, aber das war nicht schlimm. Ich hatte gesunde vier Pfoten und Rumrennen war ohnehin meine Leidenschaft. Streicheleinheiten gab es ja zum Glück sowieso und die waren nicht von der Größe abhängig.

„Los, Milli, wollen wir mal nachsehen, ob unsere ersten Gäste schon eingetroffen sind", sagte Bauer Jansen. Er sprach oft mit mir, eigentlich immer. Und wie immer legte ich meinen Kopf leicht zur Seite, ich hatte nämlich mitbekommen, dass er das, wie andere Menschen auch, als Zeichen größter Aufmerksamkeit ansah. Ich liebte meine Menschen, deshalb tat ich ihnen gern den Gefallen. Ich kläffte kurz zustimmend, warf noch fix einen Blick zurück, ob meine Herde auch hübsch zusammenstand, dann machten wir uns los. Da mein Bauer Jansen ja nicht den ganzen Tag auf der Weide bleiben konnte – er hatte schließlich noch mehr zu tun –, war die Weide natürlich eingezäunt. Trotzdem fühlte er sich wohler, wenn ich dort aufpasste. Er vertraute mir eben mehr als jedem Zaun! Wir marschierten zurück, ich natürlich extra langsam, damit mein Bauer Jansen auch hinterherkam. Im Schnellrennen machte mir keiner was vor, schon gar nicht mein Bauer, denn der war nicht mehr der Jüngste. Manchmal versuchten es Simones Welpen, die sie Kinder nannte und denen sie die Namen Bert, Hans und Luise gegeben hatte, noch, mich irgendwie einzuholen, aber wenn ich richtig loslegte, hatten sie keine Chance. Allerdings waren sie so lieb, da tat ich ihnen immer wieder mal den Gefallen und rannte ein bisschen langsamer, dann holten sie mich ein, wir knuddelten eine Weile und sie waren glücklich. Und ich natürlich auch.

Als wir am Hof ankamen, herrschte dort ungewöhnlich viel Betrieb. Außer Simones Auto und dem von meinem Bauern standen noch zwei weitere dort. Sehr ungewöhnlich, denn so viel Besuch bekamen wir sonst nicht. Gäste also, schlussfolgerte ich.

„Na, da sind sie ja!", brummte mein Bauer Jansen. „Weißt du, Milli, diese beiden neuen Ferienwohnungen sind wohl nur der Anfang. Die Landwirtschaft rentiert sich immer weniger, dafür wollen viele Leute heute gern Urlaub in Deutschland machen. Und unsere schöne Lüneburger Heide ist doch wie gemacht dafür, findest du nicht auch?" Er sah mich an und deutete mit seinen Armen in die Ferne. Auch wenn ich nicht so genau wusste, was er meinte, kläffte ich mal zustimmend. Das war nie verkehrt. Und schön war es hier ja in jedem Fall. Auch wenn mir nicht klar war, was genau Ferienwohnungen waren.

„Als zweites Standbein könnte das wirklich was werden, die Sache mit dem Tourismus!", brummte mein Bauer Jansen nun. „Wenn die Ferienwohnungen belegt sind, rentieren sie sich schon bald! Hoffentlich gefällt's den Leuten so gut, wie Simone sich das erhofft!"

Ich sprang kläffend vor ihm her. Ich war zwar nur ein Hütehund, aber nicht blöd. Nun ergab das auch alles einen Sinn! Simone wollte kein echtes Bein, sie wollte ein neues Geschäft, zusätzlich zum Hof mit den Schafen! Deshalb hatten sie die alte Scheune umgebaut! Und deshalb hatte Andreas, ihr Mann, auch immer so viel gerechnet! Alles klar, ich hatte es begriffen! Ich kläffte gleich noch ein bisschen fröhlicher, ha, irgendwann kam ich hinter jedes Geheimnis! Schon im letzten Sommer hatte ich mitbekommen, dass es mit den Schafen nicht mehr so gut lief. Und Simone und Andreas kannten sich, was den Hof betraf, nicht so gut aus wie mein Bauer Jansen. Doch der wurde immer älter. Der oberschlaue Hahn hatte schon gekräht, dass es bald aus sein könnte mit dem Hof, doch ich hatte ihm kläffend klargemacht, dass er seinen frechen Gackerschnabel zu halten

hatte. Er tat mir den Gefallen, natürlich, manchmal musste ich eben auch mal lauter werden.

Wir erreichten den Hof zur selben Zeit wie Margarete, die von allen nur Gretel genannt wurde. Sie kam angeradelt, wie immer. Für einen Menschen war sie schon recht alt, aber topfit und sehr nett. Immer hatte sie ein paar Streicheleinheiten für mich übrig. Sie kümmerte sich um den Haushalt unseres Pfarrers, dem einzigen katholischen weit und breit. Und sie kam jeden zweiten Tag, Sommer wie Winter, um Milch, frische Eier und auch gern mal etwas Lammfleisch zu kaufen. Auch der Pfarrer war nett, streichelte mich und fand immer ein Häppchen für mich in seiner Tasche, aber der kam natürlich nicht so oft wie Gretel.

„Na, eure ersten Feriengäste?", erkundigte sich Gretel. Sie hatte auf uns gewartet und traute sich offenbar nicht weiter ran. Auch mein Bauer Jansen blieb erst einmal neben Gretel stehen und plauschte mit ihr. „Ich drücke euch die Daumen, dass das mit der neuen Einnahmequelle klappt!", hörte ich sie sagen. Ich musterte die Menschenmenge weiter hinten. Das waren ganz schön viele! Und laut waren sie auch, ich hörte sie bis hierher, auch ohne die Ohren zu spitzen. Laute Menschen waren nicht mein Ding und diese Gäste nervten mich jetzt schon, obwohl sie noch nicht einmal in die neuen Ferienwohnungen eingezogen waren. Aber vielleicht, so meine Überlegung, blieben sie ja da drin und ich musste mich nicht mit ihnen abgeben? Ich hielt mich jedenfalls erst mal fern und behielt sie im Auge. Dabei wurde schnell klar, dass Simone sie wohl doch frei rumlaufen lassen wollte! Klar, waren ja auch Menschen, stellte ich fest, die leinte man

für gewöhnlich nicht an, obwohl sie es besser getan hätten, zumindest die kleinen Menschen. Denn diese Kinder, und es waren einige, große und kleine, flitzten wie aufgescheuchte Hühner überall herum, rein in den Stall mit den Lämmchen, wieder raus auf den Hof, rein zu den Hühnern, die sich sofort gestört fühlten und wie wild losgackerten, wieder raus. Der Lärm wurde immer größer und meine Unruhe nahm zu. Ich kläffte ein bisschen, was leider nur den Effekt hatte, dass sie nun auf mich aufmerksam wurden – und auf mich zustürmten! Vier Kinder zählte ich und sie rannten – ich ging sofort auf Abwehr, sträubte mein Fell, richtete die Ohren auf – und knurrte leise!

„Na, na, Milli, ganz ruhig!", redete Bauer Jansen auf mich ein und zog mich an meinem Halsband zu sich ran. Das hielt diese Kinder jedoch nicht davon ab, auf mich weiter zuzulaufen, also kläffte ich ein bisschen, versuchte hochzuspringen, zumindest so weit, wie mir mein Bauer Jansen dafür Spielraum ließ. Der war klein genug, aber es reichte, um die Kinder zu stoppen. Sie blieben ein paar Meter vor uns stehen, während ich weiter kläffend dafür sorgte, dass sie bloß nicht näherkamen!

„Milli, jetzt ist aber gut!", sagte Bauer Jansen streng und dann zu den Kindern: „Das ist unsere Milli, sie ist ganz lieb!" Dabei strich er mir zärtlich über den Kopf und kraulte mich zwischen den Ohren, was mich sofort wieder lammfromm werden ließ. Mein Bauer wusste eben, wie er mich beruhigen konnte, ich stupste ihn mit der Nase ans Bein, legte mich zu seinen Füßen und genoss sein Kraulen.

„Seht ihr, sie ist ganz lieb. Man darf sie nur nicht erschrecken! Milli hütet unsere Schafe auf der Weide, passt auf, dass keins wegläuft, wenn doch mal ein Loch im Zaun ist!", erklärte er und streichelte mich dabei zum Glück weiter. Wenn sie dort stehen blieben und ich Streicheleinheiten von meinem Bauern bekam, gut, dann störten sie mich nicht. „Na, wollt ihr sie mal streicheln?", fragte dann jedoch Gretel. Ich erstarrte sofort. Was war denn in die gefahren? Wieso sollten mich die Kinder denn anfassen? Nein, nein, das ging zu weit! Simones Tochter Luise war das einzige Kind, das mich auch ungelenk antatschen durfte, sie war schließlich noch klein. Zwar genauso alt wie ich, wie Bauer Jansen mir mal gesagt hatte, aber bei Menschen waren fünf Jahre noch recht klein, während ich mit fünf schon erwachsen war. Es gab eben doch deutliche Unterschiede zwischen Mensch und Hund. Mein Kläffen sorgte jedenfalls dafür, dass keines der Kinder mich anfassen wollte, was mir sehr recht war.

„Na, Milli, verscheuch uns aber nicht die Gäste!", sagte Bauer Jansen, als wir dann zusammen Richtung Haus marschierten. Ich war zwar ein Hütehund und den ganzen Tag draußen, aber ich durfte ins Haus, ein Privileg, das ich durchaus zu schätzen wusste. Mein Korb stand im Flur unter der Treppe und dorthin stellte Frauchen Simone auch immer meinen Futternapf, wenn sie ihn vollgeschaufelt hatte. Ich verzog mich also, futterte erst einmal und besah mir den Trubel aus der Ferne. Minka, die Hofkatze, war die ganze Zeit auf der Flucht vor den Kindern, sie war fürs Mäusefangen zuständig und nicht besonders zutraulich Menschen gegenüber. Selbst von Bauer Jansen und Simone ließ sie sich nur selten streicheln, und das wollte was heißen. Die Kinder merkten bald, dass Minka es ernst meinte, vermutlich sorgten auch die mahnenden Worte von Andreas dafür, und ließen von ihr ab.

„Katzen haben ihren eigenen Kopf, die machen, was sie wollen!", hörte ich ihn sagen. „Und Minka ist keine Hauskatze! Ihr wollt doch nicht, dass sie die Krallen ausfährt? Das kann nämlich ganz schön wehtun!"

Es half, sie ließen sie in Ruhe, und ich überlegte, dass Katzen eigentlich grundsätzlich ein bisschen verrückt waren. Man konnte sich mit ihnen nicht verständigen. Sie reagierten völlig unvorhersehbar. Zumindest Minka würde mir immer ein großes Rätsel bleiben: Sie sprang bei Gefahr auf Bäume, wedelte bei schlechter Laune fröhlich mit dem Schwanz und machte sich, von den Mäusen mal abgesehen, in keiner Weise nützlich. Mir kommen Katzen immer ein bisschen asozial vor. Nun wollte sie auch noch gegen das Menschenrudel die Krallen ausfahren! Das war ja so, als wenn ich die Menschenkinder beißen würde! Und eins war mal klar: Menschen beiße ich nicht. Aber Kläffen reichte meist auch, um Fremde zu beeindrucken und auf Abstand zu halten.

Es dauerte ewig, bis diese Gäste alles ausgeladen hatten. Und was sie nicht alles aus den Autos schleppten! Sogar Fahrräder hatten sie mitgebracht, Himmel, wie lange wollten die denn bleiben? Ich brauchte auch eine ganze Weile, bis ich mir einen ersten Überblick verschafft hatte: Es waren offenbar zwei verschiedene Familien, denn ich zählte zwei Männer und zwei Frauen, die jeweils paarweise zu einem Auto gehörten. Nur die Kinder konnte ich nicht zuordnen, die rannten immer durcheinander. Auf jeden Fall waren es sieben Kinder die sie insgesamt mitgebracht hatten, dazu sausten natürlich auch noch Bert, Hans und die kleine Luise mit herum, aber die wohnten ja hier. Der Lärmpegel war gewaltig.

Ich verzog mich in meinen Korb und döste etwas, erst gegen Abend kamen auch mein Bauer Jansen sowie Simone und Andreas zur Ruhe. Sie wohnten hier alle zusammen in dem großen Haupthaus, dass mit Reet gedeckt war und allen genug Platz bot. Früher hatte Bauer Jansen auch eine Frau gehabt, Simones Mutter, doch an die konnte ich mich nicht mehr erinnern, denn sie starb damals, worüber mein Bauer Jansen noch immer sehr traurig war. Simone auch, denn sie stand oft vor einem gerahmten Bild auf dem Kaminsims, vor das sie dann immer eine rote Rose legte.

„Hoffentlich fühlen sich unsere Gäste wohl!", hörte ich Simone sagen. „Wenn das Konzept aufgeht, sind wir aus dem Schneider und nicht mehr nur auf eine Einnahmequelle angewiesen! Aber wenn nicht, ruinieren uns die Kreditraten, also beten wir lieber, dass alles gut geht!"

„Ich denke schon!", sagte Andreas. „Klar, Ferienwohnungen

hier in der Lüneburger Heide gibt es viele, aber welche, die auf einem Hof liegen, der auch noch bewirtschaftet wird, sind das schon mal nicht. Und die, die sich auf Familien mit mehr als ein oder zwei Kindern spezialisiert haben, so wie wir mit der Einrichtung der Wohnungen und auch mit dem Umfeld, kann man fast an einer Hand abzählen. Ich hab das recherchiert, meist sind sie viel zu teuer oder es ist nichts in der Nähe oder sie sind vom Standard her deutlich drunter!"

Simone nickte zustimmend, mein Bauer Jansen brummte nur: „Hoffen wir es, damit sich der ganze Aufwand auch gelohnt hat! Ich gehe morgen mit Milli früh auf die Weide und lasse sie am besten dort. Die vielen fremden Kinder machen sie ganz kirre!"

„Aber Milli ist doch Kinder gewöhnt!", wandte Simone ein. „Und sie ist so ein hübscher Hund. Ich kenne niemanden, der sie nicht sofort streicheln will mit ihrem langhaarigen Fell!"

Ich konnte ein Knurren gerade noch unterdrücken. Das fehlte mir gerade noch, dass man mich zum Streichelhund er-

klärte und rumreichte! Aber mein Bauer kannte mich eben, auf der Weide war ich ohnehin viel lieber. Da nervten mich die Gackerhühner auch nicht mit ihrem Tratsch und Klatsch. „Die Kinder können sich mit den Ponys amüsieren, nicht mit Milli!", beendete mein Bauer Jansen die Diskussion. Er verstand mich eben.

Meine morgendliche Hofrunde fiel am nächsten Tag deutlich kürzer aus, denn auch wenn ich es diesen Stadtmenschen nicht zugetraut hätte, so waren unsere Gäste doch beizeiten auf den Beinen. Meine Versuche, die Kinder zuzuordnen, hatte ich inzwischen aufgegeben und stattdessen beschlossen, dass es ohnehin keine Bedeutung für mich hatte.
„Kläff sie nicht so an, Milli!", gackerte mir der Hahn entgegen. „Wenn du sie vertreibst, dann muss der Bauer den Hof vielleicht dichtmachen, weil das Geld für das Futter nicht mehr reicht!"
„Wie kommst du denn auf sowas?", bellte ich ihn an.
„Wenn du nicht immer auf der Weide rumrennen würdest, dann hättest du ja mitbekommen, wie Andreas wegen der Futterpreise verhandelt hat. Du weißt doch, er rennt zum Telefonieren immer auf dem Hof rum, da höre ich alles!"
Stimmt, die Hühner waren überall und schnappten alles auf. Stand es wirklich so schlecht um den Hof? Bisher hatte mich so ein Gegacker immer kalt gelassen, aber nun war ich ernsthaft besorgt. Wenn sie jetzt schon Fremde auf den Hof holten, konnte das doch nur bedeuten, dass es Schwierigkeiten gab! Ich kläffte ärgerlich, warum hatte ich das denn nicht gemerkt? Die Kinder hatten mein Kläffen gehört

und schauten nun zu mir rüber. Mein erster Impuls war, sie anzukläffen, damit sie bloß auf Abstand blieben, aber das war bestimmt unhöflich, wie Simone ihren Kindern immer erklärte, wenn sie abweisend zu anderen Menschen waren. Und ich wollte nicht unhöflich sein, sonst fuhren sie womöglich wieder ab, und das Konzept, was offenbar super-wichtig war, ging nicht auf. Also drehte ich mich nur rum und preschte davon. Ich sollte mich ohnehin lieber um meine Schafe kümmern! Die Ponys, an deren Stall ich vorbeisauste, waren jedenfalls schon ganz aufgeregt, freudig aufgeregt zum Glück, denn sie liebten es, wenn sie mit Kindern auf dem Rücken über die Wiesen traben durften. Und Kinder, das wusste ich von Bert und Hans, den beiden älteren Söhnen von Simone, zwölf und zehn Jahre alt, liebten Ponys. Auch wenn Bert momentan mehr mit seinem Fahrrad unterwegs war, das er immer Mountainbike nannte, das aber nicht einmal Licht hatte.

Auf der Weide war es herrlich! Ich hielt meine Herde zusammen, ruhig und mit Bedacht wie immer. Auch wenn es vielleicht anders aussah, ich war auf der Hut und hatte stets alles im Blick. Deshalb entging mir auch nicht, dass ein kleines Grüppchen von Schafen dabei war, im nahen Birkenwäldchen zu verschwinden. Da musste ich selbstverständlich eingreifen. Dachten die etwa, ich hätte das nicht bemerkt?

„Los, hier wird nicht abgehauen, zurück auf die Weide!", kläffte ich und sprang um sie herum. Plötzlich hörte ich es im Gebüsch rascheln. Doch nicht nur ich, auch die Schafe hörten es und wurden unruhig.

„Los, lauft auf die Weide, aber schnell!", kläffte ich meinen Schafen zu. „Ich sehe nach!" Ich preschte zu dem entsprechenden Gebüsch hin und baute mich davor auf. Eines der fremden Kinder kam rausgekrochen! Was machte das denn hier?

„Los, raus da, bevor du dir noch weh tust!", bellte ich. Der kleine Junge sah mich mit aufgerissenen Augen an und drückte sich dicht an eine Birke.

„Theo, komm hier rüber, aber langsam, dann tut dir der große Hund nichts!", hörte ich nun hinter mir eine Stimme. Theo hatte vor irgendetwas Angst, das spürte ich deutlich. Aber wovor? Lauerte da irgendeine Gefahr im Gebüsch?

„Bleib, wo du bist, hier bist du sicher, ich passe auf dich auf, Theo!", bellte ich dem ängstlichen Jungen zu. Er war vielleicht so alt wie Luise, zumindest war er so groß wie sie. Der andere Junge, der nach Theo gerufen hatte, kam nun auch näher, also trieb ich die beiden sicherheitshalber mal zu einer Stelle, möglichst weit weg von dem entsprechenden Gebüsch.

„Wo bleibt ihr denn?" Das Mädchen kam aus der anderen Richtung angestürzt und der ältere Junge rief ihr gleich zu: „Achtung, Lena!"

Aber ich hatte die Sache natürlich im Griff, ich sprang auf sie zu und sorgte dafür, dass sie sich neben die beiden Jungs stellte.

„Lena, wir kommen hier nicht mehr weg!", schluchzte der kleine Theo.

„Doch, mach dir keine Sorgen, ich pass auf euch auf, hier passiert euch nichts!", bellte ich ihm zu. Doch es beruhigte ihn leider kein bisschen. Dann ging es Schlag auf Schlag, offenbar war die ganze Kinderschar im Birkenwäldchen unterwegs, denn durch Theos Geschrei und die Rufe des älteren Jungen, der von dem Mädchen Konstantin genannt wurde, kamen weitere Kinder zum Vorschein. Waren die denn verrückt geworden? Hier herumzuschleichen, wo doch potenziell überall Gefahren lauerten! Ich kläffte laut, in der Hoffnung, mögliche Feinde zu vertreiben. Nichts passierte.

„Los, alle da rüber!", bellte ich den Kindern zu. Ein kleines Mädchen wollte nicht, da stupste ich sie an. „Los, Kleine, geht! Wenn ihr hier alle durcheinanderspringt, kann ich doch keine Witterung aufnehmen!", versuchte ich ihr klarzumachen. Mit mäßigem Erfolg, Stadtkinder waren wohl nicht besonders clever! „Kinder, los, jetzt hört doch mal mit dem Geschrei auf!", versuchte ich es immer wieder, ohne Erfolg. Ich konnte mich gar nicht konzentrieren und diese Kinderbande versuchte auch ständig auszubüxen. Die waren schwerer zu hüten als meine Schafherde, wenn die Lämmchen gerade zum ersten Mal mitdurften. Zwei größere Jungen, besagter Konstantin und noch einer, dessen Namen ich nicht verstanden hatte, versuchten nun, sich zur Weide durchzuschlagen, doch ich konnte mich auf meine Herde verlassen.

Zwei dicke Hammel versperrten ihnen den Weg, da drehten sie ab und kamen freiwillig wieder. Was sollte ich nun machen? Sie schön beisammenhalten, bis Bauer Jansen irgendwann wiederkam? Das konnte noch dauern! Allerdings war die Alternative auch nicht besser! Allein durch den Wald rennen, war viel zu gefährlich, wer weiß, was ihnen dabei zustoßen konnte! Ich spürte auch ganz deutlich, dass die

Kinder Angst hatten. Das musste doch irgendeinen Grund haben! Ihre Nervosität übertrug sich automatisch auf mich. Womöglich waren im Wald gefährliche Tiere unterwegs! Dann waren die Kinder ihnen schutzlos ausgeliefert und dann ... nein, daran wollte ich gar nicht denken! Dann bekamen Simone und Andreas erst recht Schwierigkeiten, denn wenn es um ihre Kinder ging, verstanden Menscheneltern keinen Spaß! Mir fiel wieder ein, was der Hahn gegackert hatte, nein, ich musste diese Kinder um jeden Preis beschützen. Plötzlich hörte ich es hinter mir rascheln, noch ein Kind, das siebente, nun hatte ich sie alle, ha!

„Geh da weg, da ist vielleicht was im Gebüsch!", kläffte ich und sprang um ihn herum, um ihn zu den anderen zu treiben.

„Hallo, Mama, wir sind hier im Wald und hier ist dieser gefährliche Hund ...", hörte ich ihn sagen. Ich wandte den Kopf um, war er etwa hinter mir? Und wenn ja, wo genau? Ich sprang ins Gebüsch, doch da war nichts. Kurz darauf kam endlich mein Bauer Jansen!

Was für ein Segen! Ich sprang schnell in seine Richtung, nicht dass ihm auch noch Gefahr drohte; andererseits, an Bauer Jansen kam weder Mensch noch Tier vorbei.

„Aus, Milli, komm her, mein Mädchen!", rief er und natürlich sauste ich sofort los. Er nahm mich am Halsband und streichelte mir zärtlich über den Kopf, während ich erleichtert feststellte, dass er die Eltern dieser Kinderherde gleich mitgebracht hatte.

„Na, hast du gut auf sie aufgepasst, ja, das hast du fein gemacht!", lobte er mich. Ein kleines Mädchen fing an zu weinen. „Milli ist nicht gefährlich!", sagte Bauer Jansen zu ihr. „Komm mal rüber, los!", sagte er und die Kleine kam vorsichtig auf uns zu.

„Keinen Ton, Milli!", raunte mir mein Bauer ins Ohr. „Du hast ihnen ganz schön Angst gemacht!" Ich? Ihnen Angst gemacht? Ich wollte protestieren, doch auf einmal ging mir was auf! Die hatten vor mir Angst gehabt! Wirklich vor mir, als wenn ich irgendwie gefährlich wäre! Ich und gefährlich? Groß ja, vielleicht, das kam auf die Perspektive an, aber gefährlich? Nein, niemals! Ich war so fassungslos, dass ich nur noch leise jaulen konnte. Das kleine Mädchen stand nun vor mir, während ich immer noch entsetzt war. Ich hatte doch niemandem etwas zuleide getan, wie konnte man mich für einen gefährlichen Hund halten?

„Wie heißt du denn?", fragte Bauer Jansen die Kleine. „Josefine!", schniefte sie. Bauer Jansen nahm ihre Hand. „Komm, Josefine, wir streicheln die Milli mal zusammen, du wirst sehen, sie hat ein ganz weiches Fell und sie tut dir nichts, versprochen!"

Vorsichtig und mich dabei mahnend ansehend, führte er die kleine Kinderhand auf meinen Kopf. „Siehst du, ganz weich! Und der Milli gefällt es, wenn man sie hier krault!"

Er kraulte mich ein bisschen – hm, schön war das! Dann kraulte mich Josefine, das war auch nicht so schlimm wie gedacht. Nach und nach kamen auch die anderen Kinder näher und nun wollte mich jedes der Kinder streicheln.

Um ihnen zu zeigen, dass ich kein bisschen gefährlich war,

ließ ich sie gewähren. Doch ich nahm mir fest vor, ihnen sonst lieber aus dem Weg zu gehen, nicht, dass das zur Gewohnheit wurde!

„Milli ist ein Hütehund!", erklärte Bauer Jansen den Kindern weiter. „Sie hütet alles, für das sie sich verantwortlich fühlt, Schafe wie Kinder! Denn fremde Kinder erkennt ein Hund in der Regel nicht als Rudelführer an. Sie dachte bestimmt, ihr seid in Gefahr! Ihr müsst also keine Angst vor ihr haben!"

„Herrlich! Können wir uns Milli ausleihen?", lachte einer der beiden Männer, offenbar der Vater von Konstantin, denn neben den hatte er sich gestellt. „Wenn die Kids mal ausbüxen, fängt Milli sie ganz fix wieder ein, das ist so klasse!"

Die Erwachsenen lachten und die Kinder versuchten nun alle, mich zu streicheln und sich dabei gegenseitig zu beweisen, wie mutig sie waren. Ich ließ sie gewähren, ich wollte schließlich meinen Bauern nicht blamieren. Sie gingen dann auch bald zum Hof zurück und ich zu meinen Schafen.

Ich würde mich an die Gäste gewöhnen, nahm ich mir vor. Auch wenn ich froh war, ihnen zumindest gezeigt zu haben, wer hier der Boss auf der Weide war – nämlich ich!

Freunde sind
eine Gabe Gottes.

Johann Georg Hamann

Ich war dann mal weg ...

Um es gleich vorweg zu nehmen: Es ist nicht so, dass ich Bewegung gegenüber grundsätzlich abgeneigt wäre! Gar nicht! Wenn es darum geht, als Erster am Futternapf zu sein, bin ich unschlagbar! Das weiß auch Sophia, meine Menschen-Mama! Ich kam als kleiner Welpe zu ihr, sie nahm mich auf den Arm, knuddelte mich und schob mir ein kleines, weiches, leckeres Dingelchen ins Maul. Da war es um mich geschehen! Ich liebte sie augenblicklich und sie mich auch. Und dann zog ich bei ihr ein, vor zwei Jahren! Seitdem waren wir immer zusammen, meine Sophia und ich! Sie geizte nie mit Leckerli, wie sie die kleinen Dinger nannte, die so köstlich waren. Leider blieb das nicht ohne Folgen!

„Dein Mops wird immer dicker!", witzelten Sophias Freunde. „Der Hund braucht unbedingt mehr Bewegung! Vielleicht solltest du Frodo mal über die Hundewiese scheuchen?", schlug Sophias Mama Erika ernsthaft vor. Allein das Wort ‚scheuchen' klang furchtbar in meinen empfindlichen Ohren. Für Sophia klang es vermutlich ähnlich grauselig, denn sie legte sofort die Stirn in Falten, fast so gut, wie ich das immer machte, wenn ich besonders süß aussehen und damit noch mehr kleine Leckerli abstauben will. Bei mir klappte das auch immer, nur bei Sophia wohl nicht, denn Oma ließ mit der Hundewiesenidee einfach nicht locker. Auch nicht, als Sophia sagte: „Das kommt nicht in Frage,

du weißt doch, dass ich Angst vor großen, wild herumspringenden Hunden habe!"

Puh, dachte ich, noch mal Glück gehabt! Ich baute mich
vor Sophia auf, legte den Kopf leicht schräg und hechelte
sie erleichtert an. Doch zu früh gefreut, denn Erika hatte
eine Idee!

„Meine Freundin Margot kennt da einen jungen Musiker,
der immer eine Gelegenheit sucht, sich was dazu zu verdie-
nen! Ich werde dir den einfach mal vorbeischicken!"

Und das tat sie dann auch wirklich! Nur einen Tag später
klingelte es, ich sauste zur Tür, hätte ja auch jemand sein
können, der mir etwas vorbeibringen wollte, einen Knochen
zum Beispiel, und da stand er: Bob!

„Mama sagte, dass sie einen Musiker vorbeischicken will!",
wunderte sich Sophia angesichts seines wilden Aussehens
und bat ihn leider trotzdem herein. Ich wuselte um seine
Beine herum, doch er beachtete mich kaum, was aber vielleicht auch daran lag, dass er unter seiner üppigen Locken-

mähne, die ihm bis fast über die Augen hing, auch nicht so viel sehen konnte.

„Ich bin Bassist der ‚Bloody Souls‘, einer Heavy-Metal-Band", erklärte er Sophia, die daraufhin ganz komisch guckte. „Was? Eine Metal-Band braucht so einen Namen und die Musiker auch! Niemand interessiert sich doch für einen Sascha Kaiser, Bob Manson ist viel besser; das ist mein Künstlername!", sah er sich noch genötigt zu erklären, als Sophia immer noch komisch guckte. Dann zeigte Bob auf mich. „Ist das der Hund?", fragte er.

Weil Sophia nur leicht nickte, bellte ich sicherheitshalber zur Bestätigung. Nicht, dass er noch auf den verwegenen Gedanken kam, hier würde es außer mir noch andere Hunde geben.

„Der ist wirklich ganz schön fett!", grinste er. Mir blieb fast die Luft weg. So eine Frechheit! Dieser Bob war kein Mopsliebhaber, das sah ich sofort. Leider sah Sophia das wohl nicht gleich, denn sie nickte.

„Hundewiese also? Einigen wir uns auf 25 Euro pro Auftritt?", fragte Bob. Sophia stutzte kurz.

„Zwanzig", sagte sie.

Bob brummelte ein bisschen herum, willigte dann aber ein: „Na gut, weil's ein kleiner Hund ist." Sie besiegelten den Deal mit einem Handschlag und mir grauste es, als Bob sofort nach meiner Leine fragte. „Los, Mops, wir gehen dann mal ein paar Pfunde verlieren!", sagte er zu mir. Dass Sophia nicht so ganz wohl dabei war, sah ich ihr an, doch gegen Bob und Erika, die prompt anrief und nachfragte, ob das Kerlchen auch angekommen war, hatte sie keine Chance.

„So, mein Schatz, du gehst jetzt mit Bob auf die Hundewiese und wenn du zurückkommst, dann kuscheln wir
ausgiebig!", versprach mir Sophia, als sie mir die Leine
anlegte. Ich guckte so süß wie irgend möglich, mopperte
und hechelte, doch es half nichts, ich musste mit Bob mit.
Unterwegs sagte er kein Wort, ich kläffte ein paar Mal nach
oben, doch unter seinen fetten Kopfhörern, die nicht nur
seine Ohren, sondern fast seinen halben Kopf verdeckten,
vor allem in Verbindung mit der komischen Kapuze, die er
drübergestülpt hatte, hörte er mich nicht. Also ließ ich es
bleiben und tippelte tapfer neben ihm her. Wenn es Sophia
so wichtig war, dass ich über die Wiese sauste, dann wollte
ich das eben tun. Zum Glück ließen mich die großen Hunde dort in Ruhe. Eine französische Dogge, Mimi, wie sie
von ihrem Herrchen genannt wurde, fand diese Rumrenne-
rei offenbar genauso doof wie ich, jedenfalls taten wir uns
schnell zusammen.

„Ich kenn das schon!", schnaufte sie. „Wir müssen nur ein
paar Mal hin und her flitzen, Stöckchen holen und so weiter
und dann tue ich immer so, als wäre ich total erschöpft!"
Sie verdrehte die Augen und mir ging auf, was sie meinte.
Mein verpeilter Bob war mit seinem Handy beschäftigt und
schmiss nur halbherzig meine ihm von Sophia anvertraute
Spielente weg. Ich beherzigte also Mimis Rat, sauste los
und suchte dann wie wild nach Enti, natürlich wusste ich,
dass sie im Gebüsch rechts von mir gelandet war. Aber für
Bob sah es so aus, als würde ich sie noch suchen. Dann,
nach einer ganzen Weile, in der ich Gelegenheit hatte, zu
Puste zu kommen, schnappte ich sie mir und brachte sie

schnaufend zurück. Wir spielten das blöde Spiel noch drei Mal, dann sah Bob auf die Uhr.

„Ich muss noch was aus dem Supermarkt besorgen, außerdem siehst du so aus, als ob du gleich umkippst, ich schätze, das reicht fürs erste Mal!", sagte er. Klar, ich konnte ihn ja nicht verpfeifen und Sophia sagen, dass wir gar nicht lange auf der Hundewiese waren. Wir marschierten also geruhsam Richtung Supermarkt, einen, in den Sophia sonst nie ging.

„So, du wartest hier!", sagte er, leinte mich vor dem Supermarkt an der hintersten Ecke an und ging allein rein. Doch noch ehe ich empört kläffen konnte – Sophia band mich nie so schnöde irgendwo an, meist durfte ich in ihrer Tasche mit in die Geschäfte, so groß war ich ja nicht, und da, wo wir einkauften, kannte man uns auch –, bekam ich schon Gesellschaft.

„Schau mal, Mei, hier sitzt schon ein Verwandter von dir! Schätzchen, da kannst du dich mit ihm unterhalten, während Mami noch schnell was einkaufen tut, ja?"

Mei, eine ausgesprochen dralle Mopsdame, nahm grunzend neben mir Platz und warf der großen dunkelhaarigen Frau, die sich unter einem breitkrempigen Hut versteckt hatte, einen bitterbösen Blick zu. Dann kläffte sie noch empört, was die Dame dazu veranlasste, Mei eine Hand voll Leckerli unter die platte Mopsnase zu halten.

„Hm, köstlich!", mampfte sie. Mir knurrte gleich der Magen! Zum Glück erbarmte sich Mei und schob mir mit der linken Vorderpfote eins rüber, bevor sie sich über

den Rest hermachte. Ihre Mami, wie sie sich selber genannt hatte, dampfte inzwischen ab.

„Hast du deinen Menschen auch so gut im Griff?", wollte Mei wissen und verspeiste das letzte Leckerli. „Meine Tamara macht eigentlich immer, was ich will. Ich muss sie nur ganz lieb anhecheln und schwupp kriege ich alles! Wir sind ein eingespieltes Team!"

„Das sind Sophia und ich auch!", sagte ich und musterte Mei unauffällig. Also wenn Erika meinte, ich sei mopsig und Bob mich sogar als fett bezeichnete, dann sollten die sich mal Mei anschauen! Die war fett! Ihre Speckrollen konnte ich kaum zählen und ihr dicker Bauch hing ganz schön durch! Ansonsten sahen wir uns in der Tat ziemlich ähnlich: Wir waren beide beige mit einem schwarzen Fleck an der Stirn und gleich groß.

„Wie heißt du eigentlich?", wollte Mei wissen.

„Frodo!", sagte ich. „Wie der Hobbit aus dem Film! Sophia sagt immer, wir seien uns so ähnlich, weil Frodo auch so ein Mutiger ist und Hobbits auch so verfressen sind wie ich!"

„Ich weiß nicht, wovon du sprichst!", unterbrach sie mich. „Ich heiße Mei! Das ist exotisch, wie Tamara, meine Mami, und heißt ‚kleines Mädchen'. Weil ich eben Mamis kleines Mädchen bin!"

Oha, ich verschluckte mich fast an dem Rest Leckerli. Kleines Mädchen? Dieses fette Wesen neben mir? Da hatte Mamilein wohl ordentlich danebengelegen mit der Namenswahl! Ich war natürlich viel zu gut erzogen, um das zu sagen, stattdessen sagte ich – nichts! Musste ich auch nicht, denn Bob kam endlich wieder! Er telefonierte, schon wieder! Wie er das nur hinkriegte? Denn seine Riesenkopfhörer nahm er dazu keineswegs ab! Er griff nach Meis Leine und riskierte nicht mal einen zweiten Blick! Dabei kläffte ich wie verrückt: „Hey, hier bin ich!" Mei kicherte, bis sie merkte, dass es Bob ernst war und er sie statt mich mitnehmen wollte. Dann kläffte auch sie.

„Hey, jetzt sei mal ruhig da unten, ich verstehe ja kein Wort mehr!", herrschte Bob Mei an, die er nun an der Leine mit sich nahm. Ich kläffte weiter, so laut ich konnte, doch es half nichts. Er schaute sich nicht um!

„Mamilein holt mich bestimmt gleich ab, ich hab ihre Telefonnummer auf der Plakette! Außerdem bin ich gechipt!", rief mir Mei noch zu, bevor sie hinter Bob her hechelte. Er legte halt das Tempo vor und dann waren sie auch schon hinter der Ecke verschwunden. Da saß ich nun – allein, angeleint, vor einem fremden Supermarkt. Hungrig war ich auch und es wurde dunkel! Konnte es noch schlimmer kommen?

Es konnte! Als nämlich Tamara auftauchte, nur kurz nachdem Bob mit der hechelnden Mei verschwunden war! Sie sah natürlich sofort, dass ich nicht ihr kleines Mädchen war. Sie stoppte kurz vor mir, schnappte nach Luft – und begann wie wild zu kreischen.

„Jemand hat meinen Hund gestohlen! Hilfe, meine kleine Mei ist verschwunden!"

Ohne sich weiter um mich zu kümmern, rannte sie davon und kam kurz darauf mit einem sichtlich konstatierten Mann zurück, der immer wieder beruhigend auf Tamara einredete.

„Nein, das hier ist nicht meine Mei, das sieht man doch!", protestierte sie aufgebracht, als der Mann auf mich zeigte.

„Den hier hat jemand anderes angeleint. Er saß auch schon da, als Mei und ich gekommen sind. Rufen Sie jetzt endlich die Polizei?"

Die beiden beachteten mich nicht weiter, stattdessen hörte ich, wie der Mann ihr immer wieder versicherte, wie leid es ihm täte, dass es aber keine Videoüberwachung gäbe und er somit nicht sagen konnte, wer die arme Mei entführt hatte! Entführt! Videoüberwachung? Davon hatte ich ja noch nie gehört! Was war das denn? Doch lange Zeit, mich das zu fragen, hatte ich nicht, ich musste handeln!

„Bob hat sie mitgenommen, statt mich!", klärte ich die beiden auf, doch die reagierten auf meine Gekläffe gar nicht. Ich versuchte es noch ein paar Mal, aber Menschen verstehen uns eben nicht immer. Schon gar nicht, wenn sie so aufgebracht waren, wie das „Mamilein". Als die beiden abdampften, ohne mich weiter zu beachten oder sich gar um mich zu kümmern, wurde mir ganz komisch. Doch, so versuchte ich mich zu beruhigen, wenn Mei tatsächlich eine Telefonnummer dabei hatte, würde Sophia sie ganz bestimmt anrufen und dann ... plötzlich ging mir auf, dass mir das überhaupt nichts nützte, denn Tamara hatte mich ja gar nicht mitgenommen! Dann würde Mei zwar zu ihrem Mamilein zurückkommen, aber ich?

„Dich haben sie wohl ausgesetzt?", sagte plötzlich jemand. Es war ein Mann und er roch gar nicht gut. Dafür machte er meine Leine los und kramte in seiner Tasche, die so aussah, als ob sie gleich auseinanderfallen würde. Das tat sie jedoch nicht und zum Vorschein kam der Rest eines belegten Brotes. „Hier, Hundchen, du hast bestimmt Hunger. Wie lange sitzt du denn schon hier? War der Aufstand vorhin wegen dir? Die aufgetakelte Tante will tatsächlich die Polizei rufen! Am besten nehme ich dich jetzt mit, sonst bringen die dich am Ende noch ins Tierheim!", sagte er. Ich machte mich über das Brot her, es war besser als es aussah. Und ich war unsagbar hungrig! Doch bei dem Wort ‚Tierheim' wurde ich hellhörig.

„Nein, nicht ins Tierheim!", bellte ich. Davon hatte ich bei unseren Gassirunden gruselige Dinge gehört von Hunden und von Katzen, die Sophia und ich da gelegentlich trafen. Nein, da wollte ich auf keinen Fall hin, also folgte ich meinem neuen Freund lieber.

„Ich bin der Manni!", sagte er und kraulte mich dabei. Er roch wirklich nicht gut. Aber er war so nett! Viel netter als Mei und ihr Mamilein oder Bob. Manni kümmerte sich um mich und wusste, dass ich ihn verstand! Ein kluger Mann also, der Manni. Wir futterten gemeinsam, dann spazierten wir in einen Park, wo ich mal das Bein heben konnte. Währenddessen brummelte Manni immer wieder vor sich hin. Ich verstand ihn schlecht, obwohl ich ein grandioses Gehör habe, aber es lag vielleicht daran, dass Manni nicht mehr viele Zähne im Mund hatte und deshalb so nuschelte. Wir setzten uns auf eine Bank, er schnappte mich und hob mich auf seinen Schoß. Dann sah er mir direkt in die Augen.

„Ich weiß zwar nicht, wie du heißt, Hundchen, aber du bist ein süßer Kerl! Warum haben dich deine Leute nur ausgesetzt? Warum mich keiner daheim haben will, ist klar. Ich trinke zu viel und war nicht immer nett, aber du bist doch ein ganz Süßer!"

Mir blieb fast die Spucke weg, als Manni mich kraulte und dabei so traurig guckte! Ich brummelte leise vor mich hin, dass man mich keineswegs ausgesetzt hatte, der doofe Bob jedoch die dicke Mei statt meiner werten Person mitgenom-

men hatte, doch für Manni war das eben nur Gebrummel, Details verstand er nicht. Dann sagte er jedoch etwas, das mir das Blut in den Adern gefrieren ließ: „Ich kann dich nicht mitnehmen! Im Asyl, wo ich nachts schlafe, sind keine Tiere erlaubt!"

Wollte Manni, mein Retter, mich jetzt etwa auch irgendwo anbinden? Vor Schreck kam mir nicht mal ein mopsiges Moppern aus der Kehle!

„Ich habe aber eine Idee!", sagte Manni dann und setzte mich auf den Boden. „Da drüben ist eine Kirche, die haben einen ganz netten Pfarrer, der wohnt gleich neben der Kirche. Ich werde dich dort lassen! Die kümmern sich dann um dich, da bin ich sicher! Die können das ohnehin viel besser als ich, was kann ich denn schon machen? Also, ich meine, der Pfarrer hat ein Telefon, der kann rumtelefonieren, ob dich jemand kennt oder vermisst oder dir ein neues Zuhause besorgen!"

Na, glücklich war ich darüber nun nicht, jedoch war die Aussicht auf einen vollen Futternapf um einiges besser als die aufs Tierheim. Und irgendwo draußen angeleint sitzen zu bleiben, bis sich Bob vielleicht auf die Suche nach mir machen würde, nun ja, darauf war ich auch nicht scharf. Ich war mir zwar sicher, dass meine Sophia Bob losschicken würde mich zu suchen, aber da Manni mich ja schon mal mitgenommen hatte, standen seine Chancen nicht ganz so gut, zumal Bob ja nun wohl nicht die hellste Leuchte im Lampenladen war. Vielleicht lag es daran, so überlegte ich weiter, dass ich so unmusikalisch war? Vielleicht war ich deshalb für ihn so uninteressant? Dann standen wir vor einem hübschen, sehr hohen Haus mit hohen, schönen Fenstern, die von innen beleuchtet waren! Aus dem Haus klangen Töne, wie ich sie noch nie gehört hatte, Bob würde das bestimmt gefallen: Musik! Sehr spezielle zwar, aber immerhin Musik, das war ja sein Ding. Leider stand das schöne Haus in einer Gegend, in der ich noch nie zuvor war. Dann ging alles ganz schnell. Manni nahm meine Leine und band mich an.

„Da kommt gleich einer!", versprach er – und verschwand! Da saß ich nun, allein vor einem fremden, hohen Gebäude, aus dem laute Musik erschallte! Dass mich der verpeilte Bob nun ausgerechnet hier aufstöbern würde, war mehr als unwahrscheinlich. Dabei wollte ich endlich nach Hause zu Sophia, meinem vollen Fressnapf und meinem Kuschelkörbchen. Ich jaulte. Erst leise und nur ein bisschen, als sich nichts rührte jedoch immer lauter. Dann tat sich was! Die Musik verstummte und Menschen strömten schnatternd aus dem Gebäude. Nur beachtete mich keiner! Ich jaulte, kläffte und hopste wie verrückt – nichts! Die gingen alle einfach weiter. Als ich aufgeben wollte, stand plötzlich ein Mann in einem seltsamen schwarzen Gewand vor mir. So was hatte ich ja noch nie gesehen! Ein Mann, der sowas wie einen Rock trug? Oder war es ein Mantel? Ich vergaß vor Überraschung glatt weiterzujaulen!

„Na, wen haben wir denn da?", fragte der Mann freundlich und beugte sich zu mir runter. „Dich hat wohl jemand loswerden wollen?"

„Nein!", bellte ich. „Der blöde Bob hat mich ... ach was soll's! Du verstehst mich ja doch nicht!"

Ich gab auf, legte den Kopf schräg, ließ meine rosa Zungenspitze leicht aus dem Maul hängen und riss meine ohnehin schon großen braunen Augen noch weiter auf. Es wirkte! Der Mann streichelte mich und war ganz verzückt! Also, wenn ich es darauf anlegte, konnte ich wirklich jeden um die Pfoten wickeln! Das war einmal mehr der Beweis, schade nur, dass meine Sophia nicht da war, um es mitzubekommen.

„Bringst du mich jetzt bitte zur Sophia zurück?", versuchte ich doch noch einmal mein Glück. Doch natürlich verstand er mich nicht, dafür griff er beherzt nach meiner Leine und steuerte mit mir ein schönes, kleines Haus direkt neben dem Riesenhaus, das er Kirche nannte, an. Meine Neugier war geweckt! Ich verrenkte mir fast den Kopf, so hoch war diese Kirche, und wenn man näher ran ging, dann sah sie noch viel größer aus! Wow, was für ein Riesending mit dem hohen Turm! Und da oben hing auch was, ich konnte nur nicht erkennen, was. „Oh, du hast den Glockenturm entdeckt, beeindruckend was? Aber komm, wir wollen jetzt nicht in die Kirche, dort drin wohnt auch niemand, dort feiern wir nur Gottesdienst!", erklärte er mir. Offenbar konnte er mich zwar nicht wörtlich verstehen, hatte meine fragenden Blicke jedoch bemerkt. Hm, vielleicht war da ja doch noch was zu machen, was unser Verständigungsproblem anging. Doch Moment mal, hatte er feiern gesagt? Ich kläffte begeistert! Also wenn Sophia feierte, dann gab es immer ordentlich was zu futtern! Ich zerrte an der Leine, ich wollte nun unbedingt in diese Kirche, wenn die dort feierten! Andererseits, da drin sah es ziemlich dunkel aus und es war auch mucksmäuschenstill. Vermutlich, überlegte ich leicht enttäuscht, war die Party schon vorbei. Der Mann zog mich nun fester Richtung Haus. Dort gab es zwar auch keine Party, dafür lugte er in meinem Beisein in den Kühlschrank, die Chance nutzte ich sofort.

„Ah, du magst Wurst und Fleisch, welche Überraschung!", stellte er lachend fest und während er noch nach etwas suchte, worin er mir mein Mahl kredenzen konnte, hatte ich mich schon über das Hackfleisch hergemacht, das auch im Kühlschrank stand. Ich bediente mich einfach selbst, in meiner Situation durfte ich nicht zimperlich sein, wer weiß, was mir noch bevorstand! Der Mann nahm es lachend zur Kenntnis. Er griff in die Tasche und holte ein Telefon hervor. So eins hatte Sophia auch, deshalb wusste ich Bescheid.

„Ja, hallo! Hier ist Pfarrer Johannes Grünfeld aus der St. Marien Gemeinde. Bei uns ist vor der Kirche ein Mops ausgesetzt worden, haben Sie etwas gehört, Frau Krüger?"

Wer auch immer Frau Krüger war, sie wusste nichts davon. Auch Herr Müller und Frau Liebenthal, die der Pfarrer – nun

wusste ich ja wenigstens, mit wem ich es zu tun hatte – anrief, wussten von nichts.

„Also, in unsere Gemeinde ist kein Mops abhandengekommen und es kennt auch niemand jemanden, der einen vermisst!", hörte ich Pfarrer Johannes nun in das Telefon sagen. „Nein, also als Notfall, der heute Abend noch irgendwo untergebracht werden müsste, würde ich den kleinen Kerl jetzt nicht bezeichnen. Ich kann ja erst mal in der Gemeinde herumfragen, vielleicht will ihn ja jemand aufnehmen, was meinen Sie? Andernfalls kann ich ihn ja immer noch bei Ihnen im Tierheim abgeben!"

Da war es wieder – das böse Wort! Mir fiel vor Schreck fast der Rest der Frikadelle aus dem Maul! Ich wollte doch nicht im Tierheim landen! Verflixter Bob aber auch! Wenn der besser aufgepasst hätte! Ich könnte längst neben Sophia auf dem Sofa dösen und dann und wann ein Leckerli erbetteln! Stattdessen drohte mir das Tierheim! Ich hatte gar nicht gemerkt, dass ich angefangen hatte zu winseln. Pfarrer Johannes allerdings schon, denn er kam sofort angestürzt und nahm mich auf den Arm. Dabei fiel mir die Frikadelle, die ich mir gerade wieder geschnappt hatte, ganz aus dem Maul.

„Ach, du armer Hund!", sagte er und streichelte mich. „Was haben sie dir nur angetan! So einen süßen Mops einfach aussetzen, welche Herzlosigkeit! Aber keine Angst, ich finde ein neues Zuhause für dich, versprochen!"

Während er mich weiter streichelte, hielt ich lieber mein vorlautes Maul. Ich wollte doch gar kein neues Zuhause, ich wollte doch nur zu meiner Sophia zurück! Plötzlich entdeckte Pfarrer Johannes etwas. „Na sieh mal, du hast ja ein

Halsband um! Dass mir das aber auch nicht früher aufgefallen ist. Lass mal sehen, vielleicht steht da ja was!"

Nun klopfte auch mein Herz wie wild. Was hatte Mei da vorhin geplappert? Sie hat die Telefonnummer ihrer Tamara dabei? Vielleicht, jubelte ich bellend, hatte mir ja Sophia auch ihre Telefonnummer mitgegeben? Ich zappelte so doll herum, dass Pfarrer Johannes Mühe hatte, die kleine Plakette zu fassen zu bekommen. Als ich das mitbekam, hielt ich natürlich ganz still, da klappte es auch gleich viel besser. „Aha!", sagte er dann. „Du heißt also Frodo! Was für ein hübscher Name! Leider keine Anschrift oder so!", brummte er noch vor sich hin und meine Hoffnung zerplatzte so schnell, wie die Schneeflocken im Winter auf meiner Zunge wegschmelzen. Immerhin, tröstete ich mich, er wusste nun meinen Namen, das war ja wenigstens ein Anfang.

Während ich mich nun wieder der angesabberten Frikadelle widmete, telefonierte Pfarrer Johannes weiter. Und statt zu fragen, ob jemand einen Mops vermisste, lautete die Frage nun ganz anders: „Sag mal", begann er jedes Gespräch, „kannst du dir vorstellen, einen süßen, kleinen Mops aufzunehmen? Du bist doch so ein Hundefan – er heißt Frodo und braucht dringend ein neues Zuhause!"

Ich bellte ein paar Mal, dann gab ich auf. Unsicher, was ich nun tun sollte, ich saß hier schließlich fest, lief ich durch alle Zimmer. Einerseits war ich total müde, das blöde Rumgerenne auf der Hundewiese steckte mir schließlich auch noch in den Knochen, zudem war mein Vorabendschläfchen ausgefallen, andererseits war klar, dass ich hier weg musste. In diesem Haus würde mich Bob oder auch Sophia schließlich nie finden! Und wenn es dem netten Pfarrer Johannes gelang, jemanden aufzutreiben, der mich bei sich aufnahm, dann war es ganz aus! Ich musste mich also selbst auf die Suche nach dem Heimweg machen. Doch dazu musste ich erst mal vor die Tür, und das idealerweise ohne angeleint zu sein. Plötzlich entdeckte ich etwas: ein Loch in der Hintertür und davor eine Klappe, die man nach außen und innen schubsen konnte! Sie war direkt vor meiner Nase. Ich spitzte die Ohren – Pfarrer Johannes telefonierte noch. Das war meine Chance! Ich schob die Klappe nach außen und drängelte mich durch. Das war vielleicht eng, meine Güte, ich zog den Bauch ein, so gut ich konnte, hielt die Luft an und schaffte es gerade so nach draußen! Für wen oder was das Ding sonst so gedacht war, für kleine, dicke Hunde jedenfalls nicht! Auch wenn ich zu gern gewusst hätte, warum sich ein Mensch so was in sein Haus einbauen lässt, machte ich nun, dass ich davonkam. Leider war das nicht besonders weit, denn schon bald stand ich vor einer Mauer. Aufgeregt schnüffelte ich an ihr entlang, sie ging an einer Stelle in einen Gartenzaun über, zum Glück war der Übergang so breit, dass ich mich durchzwängen konnte. Mit Ach und Krach, aber ich schaffte es. Auf einmal kam mir ein schwarz-braunes Etwas entgegengesaust – eine Katze! Nicht, dass ich noch nie eine gesehen hätte, im Gegenteil. Ihren scharfen Krallen wich ich trotzdem lieber aus.

„Das ist mein Durchgang, mein Haus und meine Katzenklappe!", fauchte sie.

„Ich bin schon fast weg!", hechelte ich. Unsere Blicke kreuzten sich noch einmal kurz, dann sauste ich davon. Es war dunkel, nur wenige Leute waren auf den Straßen, und ich fühlte mich wirklich ganz verlassen. Ich schnüffelte an Häuserwänden, Bäumen, sogar Papierkörben und Fahrradständern, doch ich konnte nicht einen bekannten Geruch identifizieren. Hier war ich noch nie gewesen! Wie groß war diese Stadt eigentlich?

„Guck mal, da läuft ein kleiner Mops!", hörte ich jemanden rufen und dann Schritte. Schnell schaute ich mich um – und nahm Reißaus. Ich hetzte ein paar Straßen weiter, die beiden waren so verdutzt, dass sie mir zum Glück nicht folgten. Keuchend ließ ich mich auf meinen Hintern plumpsen. Puh, war das anstrengend! Ich war noch nie besonders sportlich, mir reichte es langsam wirklich. Unwillkürlich fing ich wieder an zu fiepen. Als ich es merkte, hörte ich natürlich schnell damit auf und spurtete weiter. Als ich glaubte, in Sicherheit und allein zu sein, schnüffelte ich noch ein bisschen herum, doch auch hier waren mir alle Gerüche fremd. Ich verkroch mich in ein Gebüsch, ich war so elendig müde und konnte mich keine Minute mehr auf den Pfoten halten.

Auch wenn ich noch nie eine Nacht draußen verbracht hatte, wurde es noch viel ungemütlicher, als ich mir das je hätte vorstellen können. Es war kalt und dann diese ganzen Geräusche! In unserer, also Sophias und meiner, Wohnung ist es nachts mucksmäuschenstill und selbstverständlich ist mein Körbchen mit einem hübschen, weichen Kissen ausgestattet. Hier fehlte alles, was eine gute Nachtruhe ausmachte. Ich war schon im Morgengrauen wieder auf den Pfoten und mit mir gefühlte hunderttausend Menschen, deren Füßen ich ausweichen musste. Ich schnüffelte, was das Zeug hielt, und da war er dann auf einmal – der Geruch des Mops-Paradieses! Es duftete nach Mett und nach Leberwurst und nach Fleisch und nach allem zusammen, köstlich! Mein Magen knurrte, und noch während ich überlegte, was das für ein Ort sein mochte, wurden zwei Frauen auf mich aufmerksam.

„Läuft der Mops hier etwa allein rum?", hörte ich die eine fragen.

„Ja, der sucht sich sein Frühstück selber beim Metzger!", lachte die andere. Dann kamen sie näher – und ich flüchtete lieber. Wie am Abend zuvor legte ich einen Sprint ein, kam jedoch durch die vielen Leute, die nun alle auf mich aufmerksam wurden, nicht weit. Irgendwann packten mich zwei feste Hände und übergaben mich den beiden Frauen, die hinter mir hergelaufen waren.

„Hier, besser anleinen!", riet die Stimme, die zu den beiden festen Männerhänden gehörte. Ehe ich mich versah, saß ich bei einer der Frauen auf dem Arm. Sie war nicht viel älter als meine Sophia.

„Oh, guck mal, der arme kleine Kerl, wie der zittert!", sagte sie zu ihrer Begleitung und strich mir beruhigend über den Kopf.

„Bist du ausgebüxt?", fragte die andere. Ich guckte sie treubrav an und brummelte ein bisschen vor mich hin. Ich und ausbüxen! Ob ich es noch mal versuchen sollte? „Also, ich würde nie weglaufen!", bellte ich laut und deutlich. „Dieser verpeilte Bob hat mich mit der dicken Mei verwechselt ..." Es war zwecklos! Die beiden guckten nur ganz erschreckt, eine fing nun an, in ihrer Tasche zu kramen.

Mit den Worten „Guck mal, ich hab hier noch ein Sandwich, du bist bestimmt am Verhungern!" hielt sie es mir unter die Nase. Hm, lecker, Salami! Ich biss natürlich zu. Endlich Frühstück – dazu sagte ich doch nicht nein! Ich ließ es mir schmecken und dabei entging mir fatalerweise, was die beiden im Schilde führten! Wirklich schlau von ihnen, denn während ich futterte und futterte und die Streicheleinheiten genoss, marschierten sie einfach los und dann fuhren wir auch schon Auto. Die Stadtrundfahrt endete direkt im Tierheim, ich hörte meine Artgenossen und viele andere Tiere schon von Weitem. Ich weigerte mich auszusteigen, doch die junge Frau nahm mich auf den Arm.

„Wäre doch gelacht, wenn dein Herrchen oder Frauchen nicht aufzutreiben wären!", sagte sie und fingerte an meinem Halsband herum. „Ah, Frodo heißt du also, hübscher Name. Ich bin auch ein Hobbit-Fan! Wobei, eigentlich stehe ich ja mehr auf die Elben!", erklärte sie mir kichernd und begann mich zu kraulen.

„Wir haben den kleinen Frodo hier auf der Straße herumstromern sehen, vielleicht hat sich sein Herrchen oder Frauchen ja schon nach ihm erkundigt?", hörte ich die eine Frau sagen. Mit wem sie sprach, konnte ich nicht sehen, doch ich hörte jedes Wort!

„Ein Mops? Frodo? Na, Gott sei Dank!", sagte sie und mein Herz begann sofort wie wild zu klopfen. Man wusste von mir? Hier? Im Tierheim? Das konnte doch nur bedeuten ...

„Sein Frauchen ist außer sich vor Sorge, sie ruft seit gestern Abend im Stundentakt an! Ich werde sie sofort informieren!", versprach die Stimme, und bei mir drehte sich alles. Meine Sophia! Sie sorgte sich! Meine gute, gute Sophia! Ich kläffte ein bisschen vor lauter Freude.

„Kommt sie ihn abholen?", fragte die andere Frau.

„Nein, das kann sie doch nicht!", erklärte ich ihr bellend. Doch wie üblich verstand mich ja keiner. Dafür erklärte ihr die gesichtslose Stimme nun, dass das nicht so einfach war. Ich war viel zu aufgeregt, um alles verstehen zu können, doch die beiden jungen Frauen boten zum Glück sofort an, mich zu Sophia zu bringen. Nach einigem Hin und Her fuhren wir dann tatsächlich wieder mit dem Auto weg, und dann kam der Moment, in dem ich die Gegend langsam wiedererkannte. Da war unser Park, die Mülltonnen und da, da war unser Mietshaus. Sophia und ich wohnten ganz unten! Sie wartete schon an der Tür auf uns – die Frau, die mich auf dem Arm getragen hatte, ließ mich runter und ich sauste los, zu meiner Sophia, die in ihrem Rollstuhl ganz schön rumzappelte.

„Oh, mein armer kleiner Frodo, da bist du ja wieder!", rief sie. Ich hopste an ihr hoch und sie beugte sich zu mir runter und nahm mich endlich wieder in die Arme. Sie knuddelte mich und ich schleckte über ihre Hände und ihr Gesicht, obwohl ich wusste, dass sie das nicht so sehr mochte, aber ich konnte nicht anders, so sehr freute ich mich. Dann erst begrüßte sie meine beiden Retterinnen!

„Danke, dass Sie Frodo wieder nach Hause gebracht ha-

ben!", sagte sie. „Ich habe kein Auto und mit den öffentlichen Verkehrsmitteln ist es mitunter recht beschwerlich!"
Die beiden nickten und ich sah, wie gerührt die beiden Frauen waren. „Leben Sie hier allein mit Frodo?", wollte die eine wissen und musterte verstohlen Sophias Rollstuhl. Die war solche Fragen schon gewohnt. „Ja, ich studiere noch, ich bin ja nicht geistig behindert, nur seit einem Unfall als Sechsjährige querschnittsgelähmt. Ich komme auch ganz gut zurecht, leider ging die Idee, Frodo auf der Hundewiese mit einem Hundesitter etwas mehr Bewegung zu verschaffen, nach hinten los! Das muss man sich mal vorstellen, dieser Typ stand gestern mit einem ganz anderen Mops vor der Tür und konnte gar nicht verstehen, dass ich den nicht behalten wollte. In seinen Augen war das alles nicht so wild, einen Hund hat er abgeholt, einen wiedergebracht, wo ist das Problem?" Sophia kicherte und meine beiden Retterinnen schüttelten den Kopf. Und ich bellte. Dieser Bob aber

auch! Auf Ideen kam der vielleicht! Als ob Sophia die dicke Mei hätte haben wollen!

„Zum Glück hatte der andere Mops ein Halsband mit dem Namen seiner Halterin um den Hals inklusive Telefonnummer! Das sollte ich unbedingt auch machen, aber ich lasse Frodo ja sonst nie von der Leine, schon weil ich ihm ja nicht nachlaufen kann! Die Dame jedenfalls hatte sich leider keineswegs um meinen Frodo gekümmert, sie war sogar richtig verwundert, als ich sie nach ihm fragte!" Sophia kraulte mich und schüttelte dabei den Kopf. „Leute gibt's! Kann ich mich bei Ihnen irgendwie bedanken?", fragte Sophia. Doch meine beiden Retterinnen wiegelten ab. Im Gegenteil, sie fragten nun ihrerseits, ob sie uns noch irgendwie helfen könnten. Konnten sie nicht, deshalb rollten Sophia und ich rein. Ich war wieder zu Hause, endlich! Und so schnell, da war ich mir nun auch ganz sicher, würde keiner mehr auf die Idee kommen, ich müsste auf die Hundewiese!

Herr, schenke mir wahre Freunde
und lass mich diese Freundschaft
wie eine zarte Pflanze pflegen.

Antoine de Saint-Exupéry

Freunde fürs Leben

„Das ist jetzt aber nicht dein Ernst!?!", entfuhr es mir, während Bella übermütig an mir hochsprang. „Du willst wirklich zurückgehen? Nach neun Jahren? Ich dachte, du hättest dich eingelebt, wärst hier angekommen und Deutschland wäre deine Heimat geworden? Und überhaupt? Was sagt Anna denn dazu? Geht sie mit? Ihr habt euch doch nicht etwa getrennt! Dave, wenn ihr Probleme habt ..."

Dave, mein Mitbewohner aus Studienzeiten und bester Freund, unterbrach mich lachend. „Nein, nein, Mike, es ist alles in Ordnung zwischen Anna und mir, wirklich! Alles bestens! Es ist nur", und nun wandte er sich sichtlich, vor allem mit Blick auf Bella, was die jedoch wenig kümmerte, denn inzwischen hüpfte sie nicht nur ein bisschen an mir hoch, sie sprang richtig auf der Jagd nach meiner Hand und in jedem Fall viel höher, als man es diesem Zwerg von Hund zugetraut hätte. Bella ist ein Chihuahua vom langhaarigen Schlag und mir gegenüber ausgesprochen anhänglich. Und wenn es um Streicheleinheiten ging, war sie eigen. Wie in allem anderen übrigens auch. Sie zu ignorieren war keine gute Idee, denn nun begann sie auch noch zu winseln. Also beugte ich mich automatisch nach unten, tastete nach ihrem wuscheligen, kleinen Köpfchen und fixierte dabei Dave weiterhin.

„Los jetzt, raus mit der Sprache, was ist los?", fragte ich

und wuschelte nebenbei an Bellas Köpfchen herum, was der Kleinen sichtlich gefiel.

„Ich habe ein Super-Angebot im Silicon Valley bekommen! Das Marketing für ein geniales Start-up, davon hab ich schon immer geträumt!", schob er als Erklärung nach. Doch mein Gefühl sagte mir, dass da noch einiges mehr war. Denn Dave, gebürtiger Kalifornier, und Anna, meine Sandkastenfreundin aus dem Kindergarten, wollten mir allen Ernstes ihre Bella vermachen! Und auch das tollste Jobangebot aller Zeiten konnte für einen so drastischen Schritt nicht der Grund sein. Da war noch mehr, ahnte ich, nur Dave rückte bloß häppchenweise mit der ganzen Geschichte raus, ich musste ihm jedes Wort aus der Nase ziehen! Ich warf ihm einen ermutigenden Blick zu, dann wurde ich deutlicher, auch weil Bella das Einstellen der Streicheleinheiten mit einem ärgerlichen Knurren quittierte.

„Gut, das hab ich verstanden, aber das ist noch lange kein Grund, Bella zur Adoption freizugeben!" Ich beugte mich ein Stück weiter runter und kraulte Bella wieder zärtlich den Hals, was sie augenblicklich beruhigte. Sie war schon ein richtig hübscher Hund! Obwohl ich mich mit meinen gut eins neunzig ziemlich angestrengt nach unten beugen musste, um ihren weiß-beige-braunen Kopf zu streicheln, den sie meist schräg zur Seite neigte und mich dann mit ihrem typischen Bella-Blick und leicht heraushängender Zunge anhechelte. Dabei sahen ihre braunen Knopfaugen immer so aus, als ob sie mir direkt ins Herz gucken könnten. Mit ihrem Hundeblick könnte sie die Arktis zum Schmelzen bringen, bei mir hatte sie damit jedenfalls immer Erfolg. Das merkte natürlich auch Dave sofort.

„Sieh mal, wie gut du mit ihr kannst! Bella liebt dich! Abgöttisch, wie ihr Deutschen immer sagt! Eine Trennung von dir würde sie schwerer treffen, als der Wechsel zu einer neuen Futtersorte!"

„Schon!", gab ich zu. „Deine Vergleiche waren aber auch schon mal besser! Aber Spaß beiseite, ich kann mir gar nicht vorstellen, dass Anna ihre Bella freiwillig hierlassen will. Wieso nehmt ihr sie nicht einfach mit?"

„Bella? In einem Flugzeug? Schon vergessen, welches Drama das beim letzten Mal war?", fragte Dave entsetzt und erklärte mir in einem nicht enden wollenden Wortschwall etwas von Einreisevorschriften, Impfpässen und Quarantänevorschriften. Und als ob Bella ahnen würde, dass es um sie ging – Hunde haben dafür ja ein feines Gespür –, begann sie zu jaulen. Auch wenn mir Daves Ausführungen einleuchteten, konnte ich mir immer noch kaum vorstellen, dass Anna sich so ohne Weiteres von ihrem Liebling trennen wollte. Schließlich war der Zwerg ein Familienmitglied! Also hakte ich immer weiter nach und irgendwann knickte Dave ein.

„Anna ist schwanger!", eröffnete er mir und strahlte dabei übers ganze Gesicht. „Aber kein Wort zu irgendwem! Sie ist erst in der zehnten Woche und wir wollten es eigentlich noch nicht sagen. Es werden Zwillinge, Mike. Kannst du dir das vorstellen? Ich werde Vater! Wir sind so glücklich! Deshalb muss es jetzt auch so schnell gehen. Wir wollen ja nichts riskieren. Und das Zeitfenster, in dem ein Langstreckenflug weder für Anna, noch für die Babys gefährlich ist, ist eng. Zudem", und nun warf Dave Bella einen durchaus verlegenen Blick zu, „ist Bella auch nicht wirklich baby-kompatibel, wenn du verstehst, was ich meine!"

Und ob ich das verstand! Bella war wirklich süß, aber auch anstrengend und viel zu sehr verwöhnt. Sie beanspruchte die gesamte Aufmerksamkeit für sich; für ein Baby oder gar zwei machte sie garantiert keine Ausnahme. Und dass die Babys vorgingen, nun ja, das lag auf der Hand. Wenn ich in mich ging, verstand ich Dave sogar. Er liebte seine kalifornische Heimat und war nach dem Studium vor allem hier geblieben, weil er Anna kennen und lieben gelernt hatte. Dann die Hochzeit der beiden vor zwei Jahren und Annas Studium. Nun war sie fertig, promovierte Historikerin und eben schwanger. Die Frage nach einem adäquaten Job für sie in den Vereinigten Staaten stellte sich also in den nächsten ein oder zwei Jahren gar nicht, und Dave nutzte die Chance, zumal das Jobangebot sicher seinem Geschmack

entsprach. Als ob Anna geahnt hätte, dass wir das Thema gerade besprachen, kam sie zur Tür rein und warf mir einen fragenden Blick zu. Wie konnte ich anders, als nicken? Die beiden waren meine besten Freunde.

„Sie wird mir so fehlen!", sagte Anna, und ich merkte, wie sie mit den Tränen kämpfte. „Aber du bist ja auch ihr bester Freund, du wirst gut auf sie aufpassen, ja? Das musst du mir versprechen, Mike! Und du musst mir Bilder schicken! Und wenn wir skypen, dann will ich sie sehen!"

Ich nickte zu allem; und schneller, als ich es wollte, sagte ich den beiden zu, ihren Liebling zu adoptieren! Als ich wieder daheim war, hegte ich schon die ersten, leisen Zweifel. Wieso konnte ich einfach nicht nein sagen? Weil Bella das niedlichste kleine Wesen war, was man sich vorstellen konnte? Oder weil man beste Freunde nicht im Stich ließ? Oder hatte es an Annas traurigem Blick gelegen? Leicht fiel den beiden die Trennung von ihrer Bella nicht, aber die Aussicht auf die Zwillinge tröstete sie sicher darüber hinweg. Bella nicht zu nehmen, hätte ja auch irgendwie bedeutet, die beiden im Stich zu lassen! Zudem das Ende von Daves beruflichen Träumen und Plänen, denn Anna hätte Bella niemand anderem überlassen, das hatte sie mir deutlich zu verstehen gegeben. Also war ich demnächst stolzer Hundebesitzer. Oder Bellas Laufbursche, je nachdem, von welcher Seite aus man das nun betrachtete, da gab es durchaus verschiedene Standpunkte.

Drei Wochen später war es dann so weit – Bella zog bei mir ein! Wie eine Prinzessin wurde sie von Anna die Treppe hinaufgetragen, den ganzen weiten Weg bis zu mir im fünften Stock. Ohne Aufzug. Dave als Gepäckträger hetzte drei Mal zum Auto, um alles in meine Wohnung zu schleppen, denn schwanger, wie Anna war, auch wenn ich da noch nichts sah, verbot er ihr jeden unnötigen Gang, was Anna gelassen hinnahm. Bella brachte nicht weniger als fünf verschiedene Kuscheldecken und -kissen mit, mehrere Fress- und Trinknäpfe, alle rosarot oder pink, und jede Menge Spielzeug. Anna sah sich sofort genötigt, den ganzen Krempel in meiner Dreizimmerwohnung zu verteilen: Ein Kissen landete neben meinem schwarzen Ledersofa, eines bestimmt versehentlich neben der Bose-Box im XL-Format, eine Hundedecke im Schlafzimmer neben meinem Bett und ein Kissen jeweils im Arbeitszimmer sowie in der Küche. Ich ließ sie gewähren; die Erfahrung hatte mich gelehrt, Anna nicht zu widersprechen, schon gar nicht, wenn es um Bella ging. Die thronte immer noch auf Annas Arm und drehte und wendete ihren Kopf nach allen Seiten. Nicht, dass Bella meine Wohnung nicht kannte, nur hatte sie bei ihren sonstigen Besuchen natürlich nicht ihre Komplettausstattung dabei gehabt.

„Hier, wenn du im Winter mit ihr vor die Tür gehst, musst du ihr ein Mäntelchen anziehen, sonst verkühlt sie sich!", erklärte mir Anna allen Ernstes zum Abschied und drückte mir einen ganzen Stapel Sachen in die Hand. Mir gingen vor Entsetzen die Augen über! Ich sollte Bella anziehen? Das konnte ja heiter werden! Nur gut, dass der Winter noch ein Stück entfernt war. Nun stand erst mal die Ferienzeit vor der Tür und praktischerweise hatte ich Bellas Einzugstermin auf das Wochenende vor meinem ersten Urlaubstag gelegt.

Und damit auch genau einen Tag vor der Abreise von Dave und Anna. Die nutzten nämlich dass erstbeste Zeitfenster, das der Gynäkologe Anna vorgeschlagen hatte. Ich hätte es vermutlich an Daves Stelle genauso gemacht.

Auch wenn Bella schon einige Male bei mir übernachtet hatte, so schien sie nun zu spüren, dass etwas anders war. Sie war ja ohnehin schon ein anhängliches Hündchen, doch in der ersten Nacht drehte sie dann so richtig auf. Natürlich hatte ich den ganzen rosa Einrichtungskram, kaum dass Anna und Dave abgezwitschert waren, wieder eingesammelt. Schließlich wollte ich aus meiner Wohnung auch kein Barbie-Wohn-Wunderland machen, nicht einmal Bella zuliebe. Stattdessen hatte ich ihr das schwarze Samtkissen, welches sie sonst auch benutzt hatte, in den Flur gelegt. Nur das war nun offenbar nicht genug.

Kaum hatte ich meine Schlafzimmertür geschlossen, begann sie zu wimmern. Erst leise, dann immer lauter, lange ertrug ich das nicht. Ich stand also seufzend auf, öffnete vorsichtig die Schlafzimmertür – ein Riesenfehler! Denn Bella, klein und zierlich, hatte nur auf die Gelegenheit gewartet. Sie machte einen Satz und schwupp war sie drin in meinem Schlafzimmer. Selbstverständlich lag neben meinem Bett keine rosa Kuscheldecke mehr. Ein enttäuschtes Knurren war ihre Reaktion darauf, zudem ein fragender Blick, dem ich nicht widerstehen konnte. Mein Kopf bewegte sich dann auch ziemlich selbstständig zu einer Geste, die Bella sofort verstand. Ein großer Hopser, den ich ihr so gar nicht zugetraut hätte, und sie saß auf meinem Kopfkissen und schaute mich mit ihren braunen Augen wartend an.

Ich seufzte und ging auch wieder ins Bett. Wie selbstverständlich kuschelte sich Bella an mich. Ich ließ es zu, auch wenn ich mich einigermaßen komisch damit fühlte. So weit war es nun schon gekommen – ich, ein gestandener Mann von 38 Jahren – lag mit einem Chihuahua im Bett! Irgendwie hatte ich mir das früher auch mal anders vorgestellt. Inzwischen befürchtete ich immer mehr, niemals die Frau fürs Leben zu finden, das wurde mit Bella nun sicher nicht einfacher; ein Gedanke, den ich aber lieber weit weg schob, ich arbeitete ohnehin viel zu viel. Tagsüber komponierte ich in meinem Studio Trailer und Werbespots, abends war ich oft noch in Sachen Umweltschutz unterwegs. Und Frauen fürs Leben gab es nicht wie Sand am Meer. Plötzlich rührte sich Bella. Ich fühlte ihr weiches, fluffiges Fell an meinem Arm, und ich spürte, wie ihr kleines Herz raste. Da ging mir auf, wie verlassen sich sie fühlen musste. Sie kannte schließlich kein anderes Zuhause als das, aus dem sie nun quasi herausgeflogen war. Wenn auch in meine liebevollen Hände, aber sie schien vor allem Anna zu vermissen. Ein neues Frauchen konnte ich ihr nämlich nicht bieten.

„Weißt du, wenn ich wirklich mal eine finde, dann muss sie dich auch lieb haben!", sagte ich leise zu Bella und rückte ihr das zweite Kopfkissen zurecht. Innerlich schüttelte ich wieder den Kopf über mich, jetzt redete ich schon ernsthaft mitten in der Nacht mit diesem Mini-Hund! Doch ich fühlte mich von Bella verstanden, irrsinnigerweise, denn sie begann leise zu winseln, als ich meine Hand wegziehen wollte.

„Ich lasse dich nicht alleine, Bella, versprochen. Wir zwei

sind doch Freude, und zwar fürs ganze Leben!", erklärte ich ihr. Ich redete gefühlt die halbe Nacht auf sie ein und als wir im Morgengrauen unsere erste Runde liefen, konnte ich mich gut in jeden jungen Vater hineinversetzen, der eine schlaflose Nacht mit seinem quengelnden Baby hinter sich hatte. Bella forderte jedenfalls eine Menge Aufmerksamkeit ein. Gut, dass ich erst einmal Urlaub hatte. Beim Packen später am Vormittag war sie dann weniger im Weg als gedacht, auch wenn mir erst nach einer Weile klar wurde, dass ich vielleicht mal schauen sollte, ob das Hotel, in dem ich mich für die nächsten beiden Wochen einquartiert hatte, überhaupt Hunde zuließ.

„Einen Hund wollen Sie mitbringen? Ja, also, nein, natürlich nicht!", empörte sich die Dame am Telefon.

„Bella ist wirklich ein ganz kleiner Hund, sie fällt überhaupt nicht auf!", erklärte ich ihr so ruhig wie möglich, während ich mich innerlich schon ärgerte, überhaupt angerufen zu haben. „Also hier bei uns ist hundefreie Zone!", blieb die Frau hart – und cancelte meine Reservierung! Völlig perplex legte ich auf. Bella guckte mich mit ihren großen braunen Augen an, ihre Schuld war es jedenfalls nicht.

„Die spinnen doch!", brummte ich und scrollte im Internet weiter runter. Ich wollte in die Berge, und da die Feiertagsbrücke der nächsten beiden Wochen offenbar einen Reiseboom ausgelöst hatte – Urlaub in Deutschland wurde offenbar wirklich immer beliebter –, war es echt schwer, über die einschlägigen

Portale noch etwas Geeignetes zu finden. Für mich geeignet in dem Fall, denn ich hatte es gern ruhig und inmitten der Natur, wollte dabei aber auf einen gewissen Standard auch nicht verzichten. Mini-Pensionen ohne vollausgestattete Badezimmer waren ebenso wenig mein Ding wie Zeltplätze oder schnöde Waldhütten. Ich fand zwei Pensionen und bei einer gleich auf der Homepage den Hinweis, dass Haustiere zwingend anzumelden waren. Also meldete ich an – und bekam keine Viertelstunde später eine Absage. Ausgebucht! Zufall? Ich wollte es gar nicht so genau wissen.

„Weißt du was, Bella, die anderen frag ich jetzt gar nicht mehr! Schon meine Oma sagte immer, wer viel fragt, geht viel irre! Noch eine Abfuhr holen wir uns jedenfalls nicht ein!"

Bella wedelte zustimmend mit dem Schwanz, zumindest interpretierte ich ihr Verhalten so. Ich packte also meine Sachen, dann setzte ich Bella in ihr Transportkörbchen, das natürlich knallpink war, was sonst, und wir stiegen in den Wagen. Das auffällige Transportgerät musste ich als erstes loswerden, wenn wir nicht sofort überall auffallen wollten. Ich steuerte zielsicher den ersten Tiermarkt an – und kam aus dem Staunen nicht mehr heraus. Bislang hatte es mich ja noch nie in derartige Geschäfte verschlagen, einen Vorrat an Hundefutter hatten mir Dave und Anna mitgebracht, und zwar in solchen Mengen, dass ich davon mindestens vier Bellas das nächste Jahr versorgen konnte. Und auch sonst war ich noch nicht in die Verlegenheit gekommen, für Bella irgendwas einkaufen zu müssen. Dazu kam, dass ich Einkäufe, wann immer möglich, online abwickelte. Shopping war nicht so mein Ding. Bellas offenbar auch nicht, denn sie knurrte, ganz untypisch für ein weibliches Wesen, bereits nach wenigen Minuten im Laden.

„Da müssen wir jetzt durch, Bella!", erklärte ich ihr streng. „Wir brauchen etwas weniger Auffälliges, aber Praktisches für meinen Hund!", erklärte ich der erstbesten Verkäuferin. „Oh, ist das ein süßes Schätzchen!", begeisterte sie sich sofort für Bella. Dann schaute sie auf unsere Transportbox und nickte mir verstehend zu. „Zu pink? Okay, wir haben auch etwas in Natur, in Goldbeige oder Sand!", erklärte sie mir und führte mir die entsprechenden Modelle vor. Beim Betrachten kam ich mir wie der letzte Vollidiot vor. Ich erkannte da jedenfalls keinen Unterschied, zumindest nicht beim Farbton. Bella schien sich auch für keine sofort begeistern zu können, also nahmen wir das Modell in Beige. Das hatte zumindest den Vorteil der Unauffälligkeit, zudem war es kleiner, ohne dass es für Bella zu unbequem wurde. „Wir hätten dafür auch noch eine Haube!", schlug die Verkäuferin vor und kraulte Bella zärtlich am Kopf. Die ließ sich die Streicheleinheiten nur zu gern gefallen. Ich kaufte auch die Haube dazu, warum auch nicht. Erst nach ein paar Kilometern ging mir auf, dass das vielleicht nicht die schlechteste Investition gewesen war, denn damit war die Transportbox für ein ungeübtes Auge zunächst als solche gar nicht erkennbar.

Das kleine, exklusive Hotel, das ich nun auf den letzten Drücker übers Netz gebucht hatte, lag in Füssen in Bayern. Ich war vorher noch nie dort gewesen, nicht mal in der Nähe,

aber ich war sofort begeistert. Die Landschaft war wirklich schön, ich fuhr durch lauschige kleine Orte mit weiß angepinselten Häuschen und immer wieder durch wunderschöne Wälder. Das Hotel selbst war auch optisch von außen schon ein Hingucker, die weiße Fassade strahlte im Licht der untergehenden Sonne, es war inzwischen Nachmittag geworden, aber fast fünfhundert Kilometer wollen erst mal gefahren werden, vor allem mit Bella an Bord, für die ich ständig Pausen machte, damit sie mir nicht ins Auto pinkelte. Aber nun waren wir endlich da und ich stülpte die Haube über die Transportbox und hoffte inständig, dass Bella mitspielte.

An der Rezeption verlor ich kein Wort über Bella, allerdings fiel mir schon beim Hineingehen auf, dass an der Tür ein Schild mit einem durchgestrichenen Hund prangte. Gut, dass ich die Haube gekauft hatte! Im Zimmer erlöste ich Bella natürlich sofort aus ihrem Gefängnis, aber sie hatte mir das Versteckspiel auch nicht übel genommen. Sie hopste aus ihrer Box und beschnüffelte erst einmal unser Quartier. Sie arbeitete sich von dem Biedermeierschränkchen an der Tür, über die kleine Sitzgruppe, die mich irgendwie an Museumsmöbel erinnerte, hinüber zum Bett. Nachdem sie alles ausgiebig beschnüffelt und offenbar für angenehm befunden hatte, setzte sie sich erwartungsfroh an der Fußseite des Bettes auf den Boden und kläffte. Zum Glück leise und auch nur einmal, denn mir war schon klar, was sie wollte: ins Bett! Oh Mann, was hatte ich mir mit ihr da nur eingehandelt!

„Pst, Bella, wenn wir hier nicht rausfliegen wollen, dann müssen wir hübsch leise sein, ja?", redete ich auf sie ein. Ich setzte sie natürlich nicht aufs Bett, sondern trug sie erst mal eine Weile auf dem Arm, was ihr aber auch gefiel. Ihre Futternäpfe hatte ich zum Glück mitgenommen, Futter natürlich auch, sodass Bella auf nichts verzichten musste. Außer auf Ausgang, denn sie offen an der Leine herumführen, das ging natürlich gar nicht. Da Bella aber wie jeder andere Hund natürlich auch mal vor die Tür musste, um ihr Geschäft zu verrichten, hatte ich schon bald ein Problem. Zudem hätte ich auch gern etwas gegessen. Immerhin versprach das Hotel auf seiner Webseite eine erstklassige regionale Küche, deren ausgezeichneter Service auch weithin bekannt sei. Doch nun musste ich mit Bella erst einmal Gassi gehen! Ich setzte sie also wieder in ihre Transportbox, stülpte die Haube drüber und marschierte damit durch die Lobby aus dem Hotel raus zu meinem Auto. Die komischen Blicke der Rezeptionistin fielen mir sofort auf. Auch dass der Page, der die Tür vor mir aufriss, auffällig unauffällig guckte, was ich da mit mir herumtrug. Zum Glück war Bella auch dieses Mal still, und das, obwohl sie ja eigentlich dringend rausgehen wollte.

Ich fuhr so schnell ich konnte aus dem Ort heraus und hielt erst auf einem Waldweg. Hier, so meine Hoffnung, würde ich nicht einmal zufällig einen anderen Hotelgast treffen. Ich setzte Bella auf den Boden, dann drehten wir noch eine Runde. Doch so richtig rumrennen wollte sie nicht, auch nicht, als ich sie von der Leine ließ. Das Unterholz behagte ihr wohl gar nicht. Sie stakste jedenfalls wenig begeistert um mich herum, und während ich mir das Lachen kaum verkneifen konnte, warf sie mir Blicke zu, die man durchaus als vorwurfsvoll bezeichnen konnte.

Ich war so mit meinen Beobachtungen beschäftigt, dass ich alles um mich herum vergaß. Doch plötzlich riss mich heftiges Gebell aus meiner entspannten Ruhe. Bella war anscheinend sehr ängstlich, was andere Hunde betraf. Sie stürzte sofort auf mich zu, und ich konnte gerade noch rechtzeitig zugreifen, bevor ein wildgewordener Rauhaardackel wie ein Pfeil herangeschossen kam. Zum Glück schnappte er nur in mein Hosenbein und auch das nur mit halber Kraft, denn sein Herrchen pfiff ihn rechtzeitig zurück.

„Eddi, aus!", brüllte der nämlich aus dem Hintergrund. Und Eddi gehorchte aufs Wort. Dann sah ich den Herrn auf uns zukommen. „Ja, wen haben wir denn da?", fragte er. Seine Kleidung wies den Herrn mittleren Alters recht eindeutig als Förster aus.

„Oberförster Meiergut!", stellte er sich auch gleich vor und zog seinen Hut. Dann warf er Bella einen strengen Blick zu. „Der darf hier aber nicht frei rumlaufen, hören Sie!" Bella guckte so unschuldig, wie nur Bella gucken konnte und wickelte den strengen Oberförster damit sofort um ihre kleinen Pfoten, während Eddi weiterhin kläffend um uns herum wuselte.

„Hunde dürfen nicht einfach im Wald herumrennen, auch keine kleinen Hunde!", belehrte mich der Oberförster nun streng. Ich verzichtete auf den Einwand, dass Bella niemals dazu zu bewegen wäre, im Wald herumzurennen, sie wollte ja nicht mal freiwillig laufen, stattdessen nickte ich schuldbewusst. Da ich mich einsichtig zeigte, beließ er es bei einer Verwarnung. Ich jedoch strich Waldspaziergänge aus unserem Programm. So richtig mochte Bella das ohnehin nicht.

Da es noch früh am Tag war, fuhr ich erst eine Weile ratlos hin und her. Die Landschaft war wirklich schön! Ich hatte Bellas Transportbox auf dem Rücksitz festgezurrt und die Abdeckung abgenommen, damit sie etwas sehen konnte. Bella streckte ihr kleines Köpfchen so hoch, dass sie aus dem Fenster schauen konnte. Ihre rosa Zunge hing hechelnd aus dem Mundwinkel. Ich fuhr eine ganze Weile und meine Gedanken wurden so leicht wie lange nicht mehr. Irgendwann ertönte von hinten ein leises Kläffen. Ich kannte das schon, es hieß: „Ich muss mal!" Bellas Art, mich um eine Pause zu bitten.

Wir erreichten einen kleinen Ort, in dem wir erst Gassi gingen, sehr zur Belustigung einer grauhaarigen Dame mit Kittelschürze, die jeden unserer Schritte vom Fenster aus verfolgte.

„Da hinten gibt's eine kleine Landmetzgerei, die haben auch Kaffee und bestimmt auch einen Wurstzipfel fürs Hundchen!", rief sie mir zu, als ich gerade wieder ins Auto steigen wollte. Eigentlich hatte sie Recht: Es war Zeit für einen Kaffee und einen Snack. Die Metzgerei war schnell gefunden, der Kaffee prima und das Wurstbrot erst! Bella verputzte ein Stück davon mit gutem Appetit. Als ich mich wieder hinters Steuer setzte, schlug die Glocke des Kirchturms schon acht Mal, die Zeit war nur so verflogen! Kein Wunder, dass wir beide richtig Kohldampf geschoben hatten!

Wir fuhren also zurück zum Hotel, und als wir es erreichten, war es zum Glück schon so dunkel, dass weder die Frau an der Rezeption noch einer der Gäste bemerkten, wie ich Bella aus der Box, in die ich sie während der Fahrt

ja schon zu ihrem eigenen Schutz setzen musste, heraus-
nahm und sie unter meine Jacke steckte. Bellas Herz raste
ebenso wie meins. Dass ich mich jemals mit einem Hund
unter der Jacke in ein Hotel hineinschleichen würde, hätte
ich mir vor ein paar Wochen jedenfalls noch nicht träumen
lassen! Oben ließ ich sie natürlich gleich wieder frei und
wir verbrachten eine ruhige Nacht. Zumindest bis Bella im
Morgengrauen anfing an mir herumzustupsen. Klar, sie
wollte Gassi gehen. Ohne großes Theater schmuggelte ich
sie wieder unter meiner Jacke ins Freie, doch kaum draußen, war es aus mit ihrer Geduld. Ich hatte mir überlegt,
dass ich, weil es ja noch so elendig früh war und zudem
unauffälliger, mit ihr unter der Jacke ein paar Straßen weiter in das Wohngebiet laufen könnte. Doch da hatte ich die
Rechnung ohne Bella gemacht, die die frische Luft schnupperte und ihr kleines Näschen aus der Jacke heraussteckte.
Zum Glück erst, als wir am Portier vorbei waren. Es kam

uns auch niemand entgegen, dem der durchaus komische Anblick hätte auffallen können. Nach unserer Runde gab es erst für Bella Frühstück, dann für mich. Die Tür sicherte ich mit dem Hinweisschild „Bitte nicht stören!", und das Personal hielt sich dran. Beim Verlassen des Hotels achtete ich peinlich genau darauf, dass Bellas Näpfe sicher verstaut waren und auch kein Hundespielzeug irgendwo herumlag. So anstrengend hatte ich mir meinen Urlaub ehrlich gesagt nicht vorgestellt, aber es half ja nichts. Beim nächsten Mal, das nahm ich mir ganz fest vor, würde ich mich jedenfalls vorher nach einer hundetauglichen Unterkunft umsehen.

Wir verbrachten einen wunderschönen Tag in der Umgebung von Füssen und trafen reihenweise Urlauber und Kurgäste.

„Es ist wirklich erstaunlich, um diese Jahreszeit finden Sie hier kaum noch ein freies Gästebett!", versicherte mir ein älteres Ehepaar, die sich auf Anhieb in Bella verguckt und mich deshalb in einem Café angesprochen hatten. „Es ist eben Vorsaison und schon ganz schönes Wetter, genau das Richtige für Rentner wie uns!", lachten sie. Es war schon so angenehm warm, dass man draußen sitzen und Kaffee trinken konnte. Nach dem langen, kalten und vor allem dunklen Winter tat das richtig gut. Bella mochte nicht auf dem Boden sitzen, sie bevorzugte meinen Schoß, wo sie es sich gemütlich gemacht hatte, und so langsam ging mir auf, warum Dave sie immer scherzhaft als Princess Bella bezeichnet hatte. Da sie auf jedes Kindergeräusch mit Knurren und Bellen reagierte, verstand ich immer besser, warum Dave sie auch als nicht babykompatibel bezeichnet hatte.

Zumindest, wenn kleine Kinderhände nach ihr grabschten oder sie streicheln wollten, war Bellas Reaktion eindeutig.

Auf dem Rückweg musste ich ziemlich aufpassen, denn auf dem Parkplatz waren eine Menge Angestellte damit beschäftigt, den dort parkenden Autos neue Parkplaketten an die Windschutzscheibe zu heften, sodass ich schon fürchtete, dass sie Bella entdecken könnten. Doch wir hatten Glück. Dieses Glück hielt noch ein paar weitere Tage an, die zugegebenermaßen sehr anstrengend und wenig erholsam waren aufgrund des ganzen Versteckspiels. Dann, am Samstag, war ich zu langsam morgens. Bella musste offenbar wirklich dringend und ich war nicht so fix, wie ich es hätte sein sollen. Kaum waren wir aus dem Lift gestiegen, fiel mir die Zimmerkarte runter und Bella nutzte die Chance, aus der Jacke herauszuschlüpfen und davonzurennen. Natürlich bekamen alle den Vorfall mit, doch mir war es erst mal am Wichtigsten, Bella wieder einzufangen. Sie nutzte gleich eines der Beete im Garten, um sich zu erleichtern, was prompt den Gärtner auf den Plan rief.

„Das sind Küchenkräuter, da kann Ihr Hund doch nicht einfach draufpinkeln!", fuhr er mich an. Inzwischen war auch ein Hotelmanager im Anmarsch, gefolgt von der aufgeregten Rezeptionistin, die ihm mit hochrotem Kopf immer wieder versicherte, dass sie mir nicht gestattet hatte, einen Hund mit ins Hotel zu bringen. Sie redete aufgeregt auf den Hotelmanager ein, der Gärtner ebenfalls; der Hotelmanager sah mich immer missbilligender an und ich hätte am liebsten laut losgelacht, denn die Situation wurde immer grotesker.

„Also ich bitte Sie, meine Herrschaften, wir reden von einem Chihuahua!", erinnerte ich sie. „Kein Schäferhund, auch kein Husky und schon gar kein Bullterrier! Bella macht keinen Mucks, sie knabbert nichts an und stört garantiert niemanden! Wieso machen Sie so einen Aufstand?"

Na, da hatte ich nun etwas gesagt! Lang und breit erklärten mir alle drei, welche Gefahren von Bella ausgingen. Sie könnte ja doch etwas anknabbern oder zerstören, jemand könnte über sie stolpern und überhaupt müsse der Gärtner nun die ganzen Kräuter entsorgen, weil sie ja nun nicht mehr nutzbar waren! Ich dachte wirklich, ich bin im falschen Film. Keine Frage, man bat mich, umgehend dieses Hotel zu verlassen. Immerhin durfte ich noch packen, und allein um diese Leute zu ärgern, leinte ich Bella an und führte sie demonstrativ durch die Lobby. Außer dem aufgeblasenen Personal störte sich übrigens kein einziger Hotelgast an ihr, im Gegenteil! Ich zahlte meine Rechnung, dann fuhren wir.

„Wir finden was viel Besseres!", versprach ich Bella. In einem Café holte ich erst einmal das Frühstück nach, dann googelte ich nach einer neuen Unterkunft und fand auch einige, die Tiere schon auf ihrer Homepage herzlich willkommen hießen. Dass ich da nun bei meinen eigenen Ansprüchen ziemliche Abstriche machen musste, nun ja, das ließ sich nicht ändern. Eine kleine Pension, der sowohl Bella, als auch ich willkommen waren, ruhig gelegen mit einem bequemen Bett und eigenem Badezimmer, reichte mir inzwischen völlig. Ich notierte mir ein paar Adressen. Dann, als die freundliche Bedienung sich endlich von Bella losreißen konnte, machten wir uns auch auf den Weg. Bella und ich natürlich, die Bedienung guckte uns nur recht traurig hinterher.

„So ein süßes Hundchen hätte ich auch so gern!", seufzte sie zum Abschied.

Dank Navigationsgerät fanden wir die erste Adresse recht schnell. Das hübsche Mehrfamilienhaus lag direkt in der Innenstadt von Füssen – und war voll ausgebucht. „Tut mir echt leid!", versicherte mir die freundliche Brünette am Empfang. „Versuchen Sie es doch mal in der Waldenhof-Pension!", riet sie mir und ich griff ihren Tipp gern auf. Doch auch dort war kein Zimmer mehr frei, ebenso wenig wie in vier anderen Pensionen. Besonders die letzte Pension hatte es mir schon vorab angetan gehabt. Sie lag fast schon am Ortsrand und direkt neben einem kleinen Park mit See in der Mitte. Im Internet hatte ich gelesen, dass sie von zwei Studenten betrieben wurde, die das Haus von ihrer Großmutter gerbt hatten und sich damit ihr Studium finanzierten. Hunde, Katzen, Wellensittiche und Tiere aller Art waren ausdrücklich willkommen. Also klingelte ich erwartungsfroh.

„Oh, das tut mir so leid, aber unsere neun Zimmer sind mit einer ausländischen Unidelegation ausgebucht!", erklärte mir die junge Frau mit einem tieftraurigen Blick. Laut einem Namensschild an ihrer Jacke hieß sie Clara. Bella und Clara sahen sich dann auch eine Weile traurig an, bis Clara anbot, bei ein paar Freunden nachzufragen, doch auch die konnten nicht helfen. „Versuchen Sie es doch mal im Franziskanerkloster!", riet sie mir abschließend. „Die sind sehr tierlieb! Da fliegen Sie mit Ihrem Hund bestimmt nicht raus! Ist gar nicht weit und total schön gelegen! Das Alpenpanorama ist der Oberhammer, echt jetzt! Die haben auch einen irren Park und überhaupt kann man sich da total wohlfühlen!"

Das klang gar nicht schlecht! Auf die Idee, bei einem Kloster anzuklopfen, wäre ich im Leben nicht gekommen. Clara war sogar so nett, mir den Weg genau zu beschreiben, obwohl ich die Hinweisschilder auf das Kloster bereits mehrfach gesehen hatte.

„Und grüßen Sie doch den Bruder Aloysius von mir, den kenn ich noch aus dem Kommunionunterricht!", bat sie. Ich versprach es, dann setzte ich Bella wieder in ihre Transportbox und wir düsten los.

„Wenn die auch nix haben, dann fahren wir heim!", versprach ich ihr. „Dann machen wir lieber zu Hause Urlaub. Da haben wir alles, was wir brauchen, können in Ruhe Gassi gehen und müssen dich nicht verstecken!"

Doch anstatt begeistertem Gebell ließ Bella nur ein leises Winseln hören, offenbar dachte sie an die stundenlange Heimfahrt. Autofahren, das hatte ich schon gemerkt, war auch nicht ihre Leidenschaft. Ihre einzige wirkliche Leidenschaft war Kuscheln.

Wir erreichten das Kloster spät, was daran lag, dass ich erst noch etwas Anständiges essen wollte. Es dämmerte längst, als ich an dem Klostertor schellte. Natürlich stand es um die Uhrzeit nicht mehr sperrangelweit offen. Es dauert auch eine Weile, bis ich schlurfende Schritte hörte. Dann quietschten die Angeln und ein fast kahlköpfiger, schon in die Jahre gekommener Bruder mit brauner Kutte öffnete mir.

„Oh, Sie sind aber früh!", begrüßte er mich und streichelte Bella, die ich auf den Arm genommen hatte, fröhlich lächelnd über den Kopf. „Und du? Du bist ja ein ganz hübsches Hundchen! Hast du auch einen Namen?"

„Sie heißt Bella!", erklärte ich ihm leicht irritiert. Er sprach mit ihr, als ob er tatsächlich erwartete, dass sie ihm ihren Namen nannte! Immerhin ließ sie ein leises „Wau" von sich hören, was den Bruder sichtlich begeisterte.

„Ich bin Bruder Raphael!", stellte er sich vor. „Und Sie haben da garantiert was verwechselt, auch wenn Bella wirklich reizend ist. Aber die Tiersegnung ist erst morgen. Im Gottesdienst, 10 Uhr!"

„Tiersegnung?", fragte ich einigermaßen erstaunt. Was es nicht alles gab! Ich bin zwar katholisch getauft, aber meine Eltern waren keine eifrigen Kirchgänger gewesen und später hatte ich dann auch irgendwie den Bezug dazu verloren. Nur aus den Augen zwar, ausgetreten bin ich nie, aber ich war halt nicht mehr so ganz auf dem Laufenden. Von einer Tiersegnung hatte ich jedenfalls noch nie gehört.

„Ja, einmal im Jahr führen wir im Gottesdienst eine Tiersegnung durch, wir Franziskaner haben ja zu Tieren und überhaupt zur Schöpfung eine besondere Beziehung, wie Sie vielleicht wissen!"

Ich erinnerte mich dunkel an irgendwelche Geschichten

über Franz von Assisi, in denen Tiere vorkamen, Wölfe oder Füchse vielleicht. Meine Erinnerung gab aber nichts Genaueres her. Doch egal, da war jedenfalls etwas mit Tieren gewesen und das schien sich bis heute nicht geändert zu haben. Ich war jedenfalls begeistert, und Bella hechelte Bruder Raphael, der sie zärtlich streichelte, inzwischen mehr als freundlich an.

„Ähm, ja, Tiersegnung!", nahm ich den Faden wieder auf. „Das machen wir ja gern mit, morgen früh, aber warum ich eigentlich hier bin: Man hat uns aus unserem teuren Hotel geworfen, weil sie dort keine Hunde dulden. Und nach einer wahren Odyssee durch Füssen und die umliegenden Orte sind Sie unsere letzte Hoffnung. Man sagte uns, dass wir hier auch übernachten können!"

Bruder Raphael sah mich einigermaßen überrascht an. „Ein richtiges Gästehaus wie andere Konvente führen wir hier in Füssen nicht, aber kommen Sie doch erst mal rein!", bot er an. „Derzeit leben hier zwölf Franziskaner, ein bissel Platz haben wir deshalb schon! Da wird sich schon etwas für Sie und Ihren Hund finden!"

Bella kläffte leise zustimmend, der hohe Gang und der schwere Geruch von Möbelpolitur schienen ihr zu Gefallen. Obwohl wir schon gegessen hatten, brachte uns Bruder Raphael noch ein Abendmahl, bevor er uns in eines der Zimmer einquartierte. Natürlich war die Ausstattung nicht mit einem 5-Sterne-Hotel vergleichbar, aber es war gemütlich und nett, und im Laufe des Abends gaben sich noch einige Brüder die Klinke in die Hand, um Bella kennenzulernen.

„Ich hatte bis vorletztes Jahr einen Kater, ganz entzückendes Kerlchen, der Benno!", berichtete mir Bruder Jakobus. „Ich hatte ihn übernommen, als sein Frauchen hochbetagt eingeschlafen ist. Und ins Tierheim abschieben, das kam nicht in Frage!"

Er kraulte Bella ausgiebig, die es ihm mit einem freudigen Hecheln dankte.

So erfuhr ich im Laufe des Abends und beim Frühstück am nächsten Morgen ziemlich viel über das auch bei Pilgern sehr beliebte Kloster und seine Bewohner. Dass Klosterbrüder so weltoffen waren, damit hatte ich nicht gerechnet. Aber diese Reise hatte ja ohnehin viele Überraschungen parat gehabt. Keine Frage, dass wir die Messe besuchten und ich Bella segnen ließ.

„Nun kann wirklich nichts mehr schiefgehen!", raunte ich ihr zu, als sie, anders als viele andere mitgebrachte Haustiere, die ganze Messe über mucksmäuschenstill war.

Das brachte ihr auch hinterher beim Mittagessen mit den Franziskanern viel Lob und noch mehr Leckereien ein.

„Ich kenne da eine wirklich schöne Pension ganz in der Nähe!", eröffnete mir Bruder Johannes am frühen Nachmittag. „Und Bella habe ich auch schon angekündigt! Margarete", und da ging ein Raunen durch den Raum, offenbar war die Dame beliebt und bekannt, „liebt besonders kleine Hunde! Dort wird es Bella und Ihnen gefallen!", versicherte er mir. Und damit lag er goldrichtig! Die zauberhafte kleine Pension lag so idyllisch, wie eine Pension nur liegen kann: Wiesen, ein entfernter Waldrand und im Hintergrund die Berge, blauer Himmel und Sonnenschein! Dazu quartierte uns die Wirtin in ihrem besten Zimmer ein, mit Himmelbett und allem Drum und Dran! Und nicht nur ich war hellauf begeistert, Bella sah das Bett, warf mir einen leichten Seitenblick zu – machte einen gewaltigen Satz und landete mitten auf dem zweiten Kopfkissen. Und diesen Schlafplatz gab sie auch für den Rest des Urlaubs nicht mehr auf.

Als wir nach zwei Wochen dann nach Hause aufbrachen, waren Bella und ich so aufeinander eingespielt, dass ich sie nicht mehr missen wollte. Dave hatte seine Anna und bald Zwillinge – ich hatte dafür nun Bella!

Tiere sind die besten Freunde.
Sie stellen keine Fragen
und kritisieren nicht.

Mark Twain

Kaspar, der Terror-Terrier

Zu behaupten, dass zwischen Kaspar und mir Liebe auf den ersten Blick geherrscht hätte, wäre die Falschmeldung des Jahrtausends, im Gegenteil! Unsere Blicke kreuzten sich und ich wusste sofort, das wird nix mit uns! Dabei fing der Tag so gut an! Es war ein warmer Spätfrühlingsmorgen, und ich war auf dem Weg ins Büro. Ich war beschwingt und aufgeregt-fröhlich. Heute war es so weit, ich trat meinen neuen Job an. Darauf freute ich mich seit dem Anruf vor zwei Monaten. Seitdem war alles ganz schnell gegangen! Meine Ausbildung zur Grafikerin lag schon zehn Jahre zurück, bislang hatte ich in einer großen Agentur gearbeitet. Am Anfang hatte ich dort noch auf gute Aufstiegschancen und spannende Projekte gehofft, doch so nach und nach wurde mir klar, dass das ein Trugschluss war.

„Nur, weil eine Firma groß ist, heißt das nicht, dass man bessere Chancen hat!", machte mir eine Freundin klar, die inzwischen bei einem Versandhandel arbeitete, der religiöse Geschenke aller Art vertrieb. „Wenn ich mir die Firma anschaue, die unsere Grafiken erstellt und den Onlineshop betreut, also das sind nur eine Handvoll Leute. Aber die sind super drauf, da gibt's ein Top-Arbeitsklima und die Inhaberin, Annegret Peuker, du, die ist einfach nur großartig! So eine Chefin hätte ich auch gern!", schwärmte Luisa und machte mir damit den Mund wässrig. Ich recherchierte ein bisschen und fand mich grenzenlos mutig, als ich zum Telefon griff und einfach anrief. Das Gespräch war wirklich toll, leider hatte Frau Peuker gerade keinen Job frei. „Aber ich kann mich ja melden, wir wachsen, da brauche ich vielleicht in absehbarer Zeit jemanden. Und wenn Sie dann noch Lust haben ...“ Sie ließ den Satz offen – und meldete sich tatsächlich. Ich griff zu und machte Nägel mit Köpfen, kündigte meinen alten Job und nun, nur acht Wochen später, stand ich morgens in der S-Bahn, statt im Bus, und fuhr zu meinem neuen Arbeitsplatz in die Innenstadt. Der Gedanke an meine neue Arbeit ließ mich grinsen! Ich freute mich einfach auf alles, die Arbeit, die Kollegen, das neue Büro, und rechnete doch nicht mit dem, was mich dann erwartete, schon gar nicht mit Kaspar!

„Bist du Elisa?“, begrüßte mich im Foyer des Glasneubaus, in dem mein neuer Arbeitgeber die Büros angemietet hatte, eine unübersehbare Erscheinung. Die rundliche Mittfünfzigerin strahlte übers ganze Gesicht. Sie war stark geschminkt, was ihr allerdings gut stand. Zu einem orangefarbenen Mantel trug sie einen olivfarbenen Hut, an dem ein paar Blüten befestigt waren und unter dem ihre feuerrote Lockenmähne hervorblitzte. Alles in allem eine eindrucksvolle Erscheinung! Ich war jedenfalls perplex. Auch dass man sich hier gleich duzte, traf mich unvorbereitet. Das kannte ich so aus meiner alten Firma nicht. Dort waren die Hierarchien stark verfestigt, auch wenn sich das Unternehmen nach außen hin sehr modern gab.

„Ich bin die Erika!“, stellte sie sich vor, als ich nickte. „Dann komm mal mit! Himmel, was bin ich froh, dass die Chefin dich eingestellt hat. Sie kommt nachher auch extra rein, eigentlich hat sie noch Urlaub!"

Dann zeigte Erika mir alles: die Büros, die Kaffeeküche, das Materiallager und die Toiletten. Und sie stellte mir die einzige Kollegin vor, die es außer ihr selbst noch gab: Maria, die eine Art Sekretärin der Chefin war, die Buchhaltung managte und auch sonst für alles Organisatorische zuständig war. Sie war altersmäßig schwer einzuordnen, ich schätzte sie auf höchstens vierzig. Sie machte einen ruhigen, friedlichen Eindruck.

„Maria ist hier der Fels in der Brandung!", lachte Erika. „Die bringt nix aus der Ruhe!"

Maria sagte kein Wort, zog nur die Augenbrauen etwas nach oben, was wiederum bei Erika für ein Kichern sorgte. „Komm, ich stell dir Anton vor!"

Anton Ziegler, der im Nachbarbüro an einem Konzept für einen Onlineshop werkelte, war Student der Psychologie und Kommunikationswissenschaft und verdiente sich als studentische Aushilfe etwas dazu, erfuhr ich von Erika.

„Ich bin zwanzig Stunden die Woche da, in den Semesterferien Vollzeit. Ich mache dann die Sachen, zu denen Erika und du nicht kommen!", erklärte er mir und machte dabei keinen unglücklichen Eindruck. Überhaupt sah er eher aus wie die Typen aus den Rap-Videos, die mein Bruder so liebte: Seine oversized Jeans waren an den Knien eingerissen, das schwarze T-Shirt hing halb aus dem Hosenbund und auf dem Kopf trug er ein schwarzes Basecap mit dem kryptischen Zeichen einer Rockband, das mir vage bekannt vorkam. Ein lässiger Typ mit Mehrtagesbart.

„Wenn er sich mal ordentlich anziehen, sich rasieren und dieses alberne Hütchen abnehmen würde, wäre er ein echt schnuckeliges Kerlchen. Aber so ...“ Erika lachte fröhlich auf. „Lass es mich mal so sagen, meine Tochter würde ihn nach Hause schicken! Dabei ist er wirklich ein Goldstück mit großem Herzen! Deshalb kommt er auch so gut mit der Chefin klar!“

Anton tat so, als hätte er nichts gehört, dann ging die Tour weiter, die letztendlich in meinem Büro an meinem Schreibtisch endete. Ich setzte mich entspannt. Ich war angekommen, endlich!

Doch die Freude währte nicht lange! Denn bevor ich Annegret Peuker sah, hörte ich sie. Nicht sie direkt, sondern Kaspar, einen zerzausten, wild herumspringenden Jack Russel Terrier.

„Oh, das ist ein ganz liebes Kerlchen, da musst du keine Angst haben!“, beruhigte mich Annegret Peuker lachend.

Ich versuchte, meine Gesichtszüge unter Kontrolle zu bekommen, vor allem aber meine zitternden Knie und Hände. Der Hund machte mich ganz kirre im Kopf, ich konnte gar keinen klaren Gedanken fassen, und als mich Annegret Peuker etwas fragte, hatte ich nur noch Watte im Kopf. Meine Augen wanderten immer wieder zu dem Hund, der wie angestochen durchs Zimmer tobte und sogar in meiner Handtasche, die ich leichtsinnigerweise auf den Boden gestellt hatte, herumschnüffelte. Vermutlich schnupperte er mein Pausenbrot, denn er wurde immer aufgeregter, stieß knurrend die Tasche um, sodass alles rausfiel.

„Lass das, Kaspar!", rief Annegret Peuker ihn zur Ordnung. Kaspar störte sich daran erst gar nicht, dann beim zweiten und dritten Anlauf schon etwas mehr, bevor er nach der fünften Ermahnung von meiner Tasche abließ und seinem Frauchen knurrend um die Beine springend in ihr Büro folgte. Am liebsten wäre ich, sobald es meine Knie erlaubten, aufgesprungen und hätte die Tür zugemacht, doch man ließ, so hatte mir Erika gleich zu Beginn der Führung verklickert, hier die Türen offen.

„Das sieht doch gleich viel einladender aus!", hatte sie gemeint. „Wenn ich meine Tür wirklich mal schließe, dann heißt das, dass ich nicht gestört werden will. Die Chefin sieht es auch so und Maria ebenfalls. Ich ließ also die Tür offen und bekam jedes Mal einen Schweißausbruch, wenn ich Kaspar im Gang hörte. Er war ja eigentlich kein hässlicher Hund, ein typischer Vertreter seiner Art, zumindest soweit ich das einschätzen konnte. Mit Hunden kannte ich mich nicht so aus, was vielleicht daran lag, dass ich seit frühester Kindheit ein sehr gestörtes Verhältnis zu Hunden hatte.

Ich war fünf Jahre alt und das erste Mal morgens allein in den Kindergarten unterwegs, als mich der Hund eines Nachbarn fast zu Tode erschreckte. Er kam kläffend aus einem Gebüsch gesprungen, ich weiß es noch wie heute, und sprang mich an. Er war groß, ich klein und bekam Angst. Ich versuchte wegzulaufen, doch der Nachbar schrie, dass ich stehen bleiben sollte, der Hund kläffte weiter, ich ließ alles fallen, und als ich endlich im Kindergarten ankam, wollte ich von Hunden nie wieder etwas wissen. Früher war es sogar so schlimm, dass ich die Straßenseite gewechselt habe, wenn mir jemand mit einem Hund entgegenkam. Natürlich hatte ich mir immer wieder von allen Seiten anhören müssen, wie albern meine Angst eigentlich war, doch ich hatte sie nun mal und konnte da auch nicht raus aus meiner Haut. Normalerweise kam ich damit auch gut zurecht. Ich konnte auf der Straße nun inzwischen auch an einem angeleinten Hund vorbeilaufen, ohne dass ich das Gefühl bekam, gleich die Flucht ergreifen zu müssen. Wenn sie bellten, dann waren sie mir unheimlich, und Leute, die sich zu Hause Hunde hielten, mussten damit rechnen, dass ich sie eben nie besuchte. Aber die einzige Bekannte, die einen Hund hatte, kam ohnehin lieber zu mir. Ohne ihren Hund.

Kaspar ging mir ungefähr bis zum Knie, was ja erst mal keine riesige Größe war. Er hatte zwei spitze, dreieckige Ohren, die putzig nach vorn in sein braun-weißes Gesicht kippten, doch das war auch schon das einzige Niedliche an ihm. Der Blick aus seinen braunen Augen machte mir Angst, er weckte einfach kein Vertrauen, wie die Augen eines kleinen Häschens oder so. Ich bildete mir sogar ein, er hätte etwas Verschlagenes. Zudem war Kaspar laut, ungezogen, unberechenbar, sprang jeden an und rannte einfach überall rum. Er sauste über den Flur, durch alle Zimmer, ich fühlte mich keine Sekunde sicher. Allein sein Getrampel malträtierte meine Nerven. Als ich am ersten Tag nach Hause fuhr, war ich so froh, nicht von diesem Hund gebissen worden zu sein. Keine Frage, meine angesabberte Tasche räumte ich noch am gleichen Abend um. Nicht dass dieser verfressene Hund noch mein Leberwurstbrot darin vermutete. Ich betete inständig, dass Annegret ihren Kaspar nicht immer mit zur Arbeit brachte!

Doch genau das tat sie – und somit hatte ich ein Problem! Denn Kaspar bemerkte schnell, dass ich nicht wie Erika oder Anton mit ihm spielen wollte, sondern zurückwich, sobald er sich mir näherte. Das schien ihn anzustacheln, sodass er meine Nähe umso mehr suchte.

„Du darfst ihm nicht zeigen, dass du Angst vor ihm hast!", riet mir Anton. „Im Gegenteil, Hunde sind Rudeltiere! Kaspar muss merken, dass du der Boss bist!"

Das sagte sich so leicht! Ich fühlte mich permanent bedroht, sobald ich Kaspar nur hörte. Den Boss nahm der mir nicht ab, mal davon abgesehen, dass ich mich eher wie die Beute fühlte. Kaspar hatte es manchmal sogar drauf, sich unbemerkt von hinten anzuschleichen und dann, wenn ich nicht damit rechnete, von der Seite loszukläffen! Dass ich dann jedes Mal zusammenzuckte, als wäre eine Bombe neben mir eingeschlagen, erheiterte alle sehr, Kaspar eingeschlossen, der dann erst recht wie wild um mich herumsprang. Meine Nerven waren schon nach der ersten Arbeitswoche so angespannt, dass ich abends völlig in mich zusammenrutschte.

„Hätte ich das mal bloß nicht gemacht", weinte ich mich bei meiner Schwester aus. „Ich hatte einen sicheren Job, hundefrei! Und nun? Wenn ich dort kündige, dann stehe ich auf der Straße! Meine alte Stelle ist längst nachbesetzt, die

Kollegin habe ich ja selbst eingearbeitet. Und so gefragt wie vor ein paar Jahren noch sind Grafiker auch nicht mehr!"

Meine Schwester Tatjana war drei Jahre älter als ich und gerade in Elternzeit. „Und wenn du mit deiner Chefin redest? Sag ihr doch, dass du Angst hast!", riet sie. „Du hast in einer Agentur angefangen, nicht beim Tierschutz! Du konntest ja schließlich nicht davon ausgehen, dass sie ihren frechen Köter jeden Tag zur Arbeit mitbringt!"

Ich nickte resigniert, wohl wissend, dass ich mich das sowieso nicht trauen würde. Ich wollte meine Ruhe, ich war niemand, der auf die Barrikaden ging oder Kämpfe ausfocht. Vielleicht, diese Überlegungen kamen mir zumindest jetzt, hätte ich auch in meiner alten Firma so etwas wie Karriere machen können, wenn ich mich offensiver ins Spiel gebracht hätte. Aber ich war nicht stutenbissig und Grabenkämpfe lagen mir fern. Und waren die fehlenden Entwicklungschancen und die doch eher monotone Arbeit den Wechsel wirklich wert gewesen? Ich war wirklich am Zweifeln.

Nach einem grässlichen Wochenende, an dem ich mich kein bisschen entspannen konnte und einer
albtraumhaften Nacht, in der ich
nur Kaspars Gekläffe im Ohr hatte,
betrat ich am Montag mit zitternden Knien das Bürogebäude.

„Na, schönes Wochenende gehabt?", plapperte Erika sofort auf
mich ein. „Ich war beim Friseur
am Samstag, dann noch ausgiebig
shoppen, ich liebe das!"

Sie drehte sich ein paar Mal im Kreis, offenbar meinte sie
den Rock.

„Wow, toll!", rang ich mir ab, denn ich hörte Kaspar kommen. Schneller als ich etwas hätte sagen können, kam er
angesprungen und hüpfte bellend die sich nun wieder dre-
hende Erika an. Er versuchte, an ihr hochzuspringen, doch
dadurch, dass sie in Bewegung war, gelang ihm das nicht
gleich, was ihn immer wilder machte. Erika lachte, Anton
auch und Annegret schüttelte nur den Kopf. „Ich geh dann
mal in mein Büro, Leute, schön, dass ihr den Kaspar so lieb
bespaßt! Er fühlt sich so wohl hier!"

Wenigstens einer, dachte ich und verkrümelte mich heim-
lich. Am liebsten hätte ich die Tür hinter mir zugemacht,
doch das ging ja nicht. Am Nachmittag traute ich mir aber
zumindest das, aber erst, als ich in der Mittagspause, die
wir alle zusammen in der Teeküche verbrachten, vorgebaut
hatte.

„Ich muss mich da noch einarbeiten!", warf ich ein, als Anton von der neuen Software erzählte. Somit hatte ich eine gute Gelegenheit, die Ich-muss-mich-konzentrieren-Karte am Nachmittag zu zücken, als Annegret mit ihrem Kaspar vom Spaziergang zurückkam. Kaum hörte ich ihn, war meine Tür zu – und meine Angst bis zum Feierabend abgeflaut. So richtig löste sie sich allerdings erst, als ich kurz vor Feierabend aus dem Fenster schaute und Annegret mit Kaspar ins Auto einsteigen sah – sie waren weg, alle beide, keine Gefahr mehr!

Damit ließ meine Angst sofort nach, ich entspannte mich.

„Dieser Hund zerlegt mir noch die halbe Einrichtung!", stöhnte Maria und ließ die Scherben geräuschvoll im Mülleimer verschwinden. „Zwei Kaffeetassen mit Untertassen waren das, bevor Kaspar sie vom Tisch gefegt hat!", brummte sie ärgerlich. „Ich habe das Geschirr erst vor ein paar Wochen neu gekauft! Und wie ich die Flecken aus dem Teppich bekommen soll, weiß ich auch noch nicht!"

Maria, sonst die Ruhe und Ausgeglichenheit in Person, war richtig sauer auf Kaspar. Wie er hier herumgeturnt sein musste, konnte ich mir sehr gut vorstellen! Offenbar war er nicht nur ausgesprochen lebhaft, sondern auch ziemlich gelenkig. Der Tisch, auf dem die Kaffeetassen standen, war recht hoch. Aber offenbar war es kein Problem für ihn gewesen, da hinaufzukommen.

„Die Tulpen hätte er auch fast samt Vase vom Tisch gehauen!", ärgerte sich Maria weiter. „Aber ich konnte noch fix danach greifen. Es ist ja nur eine dünne Glasvase, die wäre gleich hinüber gewesen. Ungefähr so wie meine Nerven!"

Kopfschüttelnd schnappte sich Maria das Kehrblech und einen Putzlappen, später sah ich dann, wie sie auf allen vieren unter dem Tisch herumkrabbelte, um die Kaffeeflecken aus dem Teppich zu entfernen. Maria ärgerte sich zwar über Kaspars Benehmen, aber sie hatte keine Angst vor ihm. Das war ein himmelweiter Unterschied zu mir und meinem Problem. Er war kein nettes Hundchen und ich hatte nicht die geringste Lust, ihn zu streicheln. Ich fand, dass sein Blick etwas Verschlagenes hatte, so als würde er denken „Ha, was stelle ich jetzt als nächstes an, um sie so richtig zu erschrecken?". Bei mir gelang ihm das spielend.

Ich rettete mich irgendwie durch die zweite Arbeitswoche, doch lustig war es nicht. Ich war stets auf der Hut, begriff viele Zusammenhänge gar nicht, weil ich durch Kaspar total abgelenkt war. Ich wollte ja keine Fehler machen, nicht schon in der Probezeit wieder rausfliegen, denn bis auf Kaspar schien die Firma wirklich der große Wurf zu sein. Die Kollegen waren unheimlich nett, Überstunden waren eher die Ausnahme und „nur projektbezogen, wenn es gar nicht anders geht und natürlich bezahlt!", wie mir Erika nicht ohne Stolz erzählt hatte. Dass es auch anders ging, wusste ich ja selbst. Mit meinem Ausscheiden waren auch meine ungefähr hundertzwanzig Überstunden verfallen, die ich zwar gemacht hatte, weil ich sonst meine Arbeit nicht geschafft hätte, die aber offiziell nie angeordnet worden waren, wie mein damaliger Chef mir zum Abschied noch mitgeteilt hatte. Also waren sie auch nicht bezahlt worden. Kaspar und meine Angst waren ein richtiges Problem, das wurde mir Montagfrüh klar, als ich in die City ins Büro fuhr.

Mein Puls schoss schon beim Betreten des Hauses in die Höhe und mir wurde schlagartig klar, dass ich das auch beim besten Arbeitsklima, den spannendsten Arbeitsaufgaben und der großzügigsten Bezahlung nicht auf Dauer aushalten würde. Doch sollte ich wirklich während der Probezeit kündigen? Ich rang mit mir.

„Rede mit deiner Chefin!", riet Tatjana. „Was soll denn schlimmstenfalls passieren? Dass sie den Hund dir vorzieht? Dann bist du auch nicht schlimmer dran als jetzt! Jetzt bist du total panisch und versuchst, alles zu vertuschen, doch am liebsten würdest du morgen nicht mehr hingehen, stimmt's?"

Ich nickte und schluckte heftig, damit ich nicht in Tränen ausbrach.

„Du hast nichts zu verlieren, rede mit ihr!", sagte sie eindringlich.

Obwohl mir das Herz bis zum Hals klopfte, schon weil ich Kaspar in Annegrets Büro herumtoben hörte, nahm ich am Dienstag all meinen Mut zusammen.

„Es geht um Kaspar!", sagte ich leise.

Annegret Peuker schaute auf, und Kaspar, der seinen Namen ganz genau verstanden hatte, sauste auf mich zu. Ich blieb wie angewurzelt stehen, er sprang an mir hoch, kläffte und ich betete nur, dass es schnell vorbei sein würde.

„Oh, du kannst ihn streicheln, das mag er!", sagte sie. Ich vergrub meine Hände allerdings nur tiefer in meinen Taschen. Nein, ihm auch noch meine Finger als Zwischenmahlzeit vor sein Maul zu halten, dazu konnte ich mich bei allem Mut nicht überwinden.

„Weißt du, ich habe Kaspar noch nicht lange, erst seit ein paar Monaten! Er stammt aus einem Tierheim in Rumänien! Ich wollte das ja früher auch nie so recht glauben, wenn im Fernsehen über die Zustände dort berichtet wurde. Aber ich habe eine Nachbarin, die kommt da ursprünglich her, und da ich geschäftlich in Bukarest zu tun hatte, habe ich mich von ihr überreden lassen, mir dort mal ein paar Sachen anzuschauen. Ihre Schwester arbeitet dort auch für eine christliche Mission, sie versuchen, den Leuten zu helfen. Alles schwierig, wie du dir denken kannst. Viele Leute sind bitterarm und Tierschutz ist dort echt noch ein Fremdwort. Unglaublich, dabei habe ich Europa nicht mal verlassen, trotzdem hatte ich bisweilen das Gefühl, auf einem anderen Kontinent zu sein. Kaspar ist mir im Tierheim sofort aufgefallen. Er hat sich gleich auf mich gestürzt, du kennst ja sein Temperament inzwischen, und bei mir war es

Liebe auf den ersten Blick. Weißt du, ich hab sonst niemanden und er ist wie ein Kind für mich."

Ich nickte. So gesehen, hatte es das Hundchen sicher nicht leicht. Er hatte sich hingesetzt, den Kopf schräg gelegt, die Ohren nach vorn gekippt und schaute uns an.

„Ist er nicht süß? So ein hübsches, aufgewecktes Kerlchen! Unvorstellbar, wie schlecht sie die Tiere dort behandeln! So hübsch war er ja am Anfang nicht, das Fell war total zerzaust, er hatte jede Menge Parasiten und sonst was! Aber ich habe ihn aufgepäppelt, nun geht's ihm prima!"

Wie aufs Stichwort sauste er auf sein Frauchen zu, und ich ging, ohne etwas zu sagen.

„Er stammt aus einem rumänischen Tierheim!", berichtete ich meiner Schwester am Abend. „Da muss man doch Mitgefühl haben!"

„Nein, muss man nicht!", widersprach Tatjana. „Der Köter benimmt sich nicht, der gehört ordentlich erzogen! Oder magst du ihn nun lieber und hast weniger Angst, wenn du weißt, dass er ein gestörter, misshandelter und gequälter Hund ist? Die sind doch erst recht unberechenbar!"

So wie Tatjana das sagte, klang es richtig gemein. Doch sie hatte auch irgendwie Recht. Bei allem Mitgefühl, welches ich für Kaspars Vergangenheit aufbrachte, so machte es mir den Umgang mit ihm auch nicht leichter. Ich zitterte wie Espenlaub, wenn ich ihn nur heranstürmen hörte, und die Tage, an denen Annegret auf Geschäftsreise war, waren die schönsten, vor allem, wenn ich das schon vorher wusste! Dann ging ich ganz entspannt ins Büro, ließ meine Tür gern offen stehen und konzentrierte mich wie von selbst auf die spannenden Projekte. Das blieb natürlich nicht unbemerkt, auch wenn das niemand mit Kaspar in Verbindung brachte.

Es war ein solcher Donnerstag, Annegret und Kaspar waren noch auf Geschäftsreise, wir erwarteten sie erst für den nächsten Vormittag zurück, als ich mit einem Stapel Projektskizzen unter dem Arm auf dem Weg in Annegrets Büro war. Ich wollte ihr alles bereitlegen, damit sie die unterschiedlichen Entwürfe gleich am nächsten Tag nebeneinanderlegen und entscheiden konnte. So mochte sie es am liebsten, das wusste ich von Erika. Ich war gerade dabei, alles zu sortieren und völlig in Gedanken versunken, als Kaspar angestürmt kam. Er kläffte und stürzte sich auf mich, sprang an mir hoch, wieder und wieder.

„Nein, lass das, geh weg!", kreischte ich. Ich war so erschrocken, dass ich es einfach nicht schaffte, still stehen zu bleiben, wie sonst. Ich zappelte herum, das machte ihn noch wilder, dann machte ich wohl den schlimmsten Fehler, den man in so einer Situation machen konnte, ich lief weg. Ich ließ alles fallen und begann zu laufen. Und Kaspar stürzte mir nach. Ich rannte zu meinem Büro, doch Kaspar war so dicht hinter mir, dass ich befürchtete, er würde sich gleich auf mich stürzen. Also rannte ich an meiner Bürotür vorbei, Richtung Toiletten. Ich dachte gar nicht mehr, ich rannte nur noch. Schemenhaft sah ich Erika, die mit den Händen gestikulierte, ich hörte Stimmen hinter mir, doch vor allem hörte ich Kaspar kläffen.

Ich erreichte die Damentoilette mit letzter Kraft, stieß die Tür auf und stemmte mich dann von innen dagegen, bis ich sie verriegelt hatte. Draußen hörte ich Kaspar daran hochspringen und kläffen.

„Aus! Kaspar, aus!", rief Annegret und ihre Stimme kam näher. Doch Kaspar kläffte immer weiter und hörte auch nicht auf, an der Tür hochzuspringen. Nichts und niemand hätte mich dazu gebracht, die Tür zu öffnen. Ich schluchzte, mir liefen die Tränen übers Gesicht und mir war schlecht. Zudem zitterten mir die Knie, sodass ich nicht mal mehr aufrecht stehen konnte. Ich ließ mich weinend auf dem Toilettensitz nieder und zog die Beine hoch. Nein, hier ging ich nicht mehr raus, bevor dieser furchtbare Hund nicht weg war.

„Elisa? Elisa? Geht es dir gut? Himmel, Mädchen, sag doch was!", rief Erika durch die geschlossene Tür. Ich bekam kein Wort raus, nur Schluchzen.

„Oh Gott, Elisa? Geht es dir gut? Wein doch nicht, komm, mach die Tür auf! Kaspar ist draußen bei Anton!", redete nun auch Annegret auf mich ein. Ich versuchte wirklich, mich zusammenzureißen, doch ich schaffte es nicht. Es war, als würde sich die ganze Angst der letzten Wochen auf einmal entladen. Irgendwann wurde es besser, Annegret und Erika redeten weiterhin auf mich ein und ich hörte Kaspar auch nicht mehr kläffen.

„Aber da draußen ist kein Hund, oder?", wisperte ich.

„Nein, er ist nicht hier. Mach die Tür auf, Elisa!", beruhigte mich Annegret Peuker. Sie nahm mich auch direkt in den Arm, als ich die Tür aufmachte.

„Was ist denn los?", fragte sie besorgt. Erika strich mir beruhigend über den Arm. Draußen auf dem Gang hörten wir Kaspar herumtoben und Anton immer wieder „Aus, Kaspar, aus, lass das!", rufen.

„Klingt wirklich bedrohlich!", stellte Annegret fest. „Aber er tut dir wirklich nichts!"

„Das hilft mir aber nicht!", sagte ich gepresst. „Ich fürchte, ich kann das nicht mehr!", schluchzte ich. Mir war in dem Moment so klar, dass ich mit dieser Angst keinen Tag länger leben wollte. Das verstand auch Annegret Peuker.

„Wir finden eine Lösung!", versprach sie. „Gib mir etwas Zeit zum Nachdenken, ja?"

Erika fuhr mich nach Hause und wir vereinbarten, dass ich an dem Freitag erst mal daheim bleiben sollte. „So schnell geben wir nicht auf, dich nicht und Kaspar auch nicht!", versicherte mir Erika. „Wir brauchen Verstärkung, du bist gut in deinem Job und du passt zu uns, da sind wir uns einig. Und Kaspar tut ein bisschen Erziehung ganz gut!"

Erst wollte ich mich bei meiner Schwester ausheulen, doch dann ließ ich es bleiben. Stattdessen recherchierte ich noch einmal über die Tierheime in Rumänien, vielleicht auch, um meine Gefühle für Kaspar irgendwie in eine andere Richtung zu lenken. Was ich da las, war grauenhaft. Am Freitag in aller Frühe klingelte ein Bote und brachte mir einen Präsentkorb und einen großen Blumenstrauß – von Annegret Peuker, der alles schrecklich leidtat, wie sie schrieb. Ich solle sie, wenn ich mich beruhigt hätte, unbedingt anrufen!

Es dauerte bis Mittag, bis ich den Mut dazu fand. Insgeheim schämte ich mich so für meine Angst.

„Ich habe mit meiner Nachbarin gesprochen, sie ist ein großer Hundefreund und sie würde Kaspar liebend gern tagsüber nehmen!", eröffnete mir Annegret. Ich war so gerührt, sie hatte sich wegen mir um eine Betreuung für Kaspar gekümmert? Das hätte ich nie erwartet!

„Ich weiß gar nicht, was ich sagen soll!", gestand ich. „Du

könntest dir auch einfach eine andere Mitarbeiterin suchen, ich bin ja noch in der Probezeit!"

Doch Annegret widersprach mir prompt. „Gute Mitarbeiter sind schwer zu finden, ohne Kaspar arbeitest du großartig und du passt prima ins Team, nein, wir probieren das, einverstanden?"

Und ob ich einverstanden war! Mir fiel ein Riesenstein vom Herzen! Voller Elan stürzte ich mich auf meine Arbeit und zumindest Maria schien genauso erleichtert zu sein wie ich, dass Kaspar nicht mehr über die Gänge tobte.

„Was der mir schon alles runtergehauen hat!", gestand sie kopfschüttelnd. „Und die Strumpfhosen erst, die er ruiniert hat. Nein, so ist es besser, auch für ihn, wenn Annegrets Nachbarin mit ihm draußen rumtobt, dann hat er ja auch mehr davon!"

Ich genoss es, von einem Zimmer zum anderen zu gehen und auch mit Erika und Anton zu plaudern. Auch meine Bürotür konnte ich nun ganz angstfrei offenstehen lassen. Deshalb hörte ich auch unfreiwillig das Telefonat mit, das Annegret mit ihrer Nachbarin führte. Zumindest hörte ich Annegrets Antworten, und die gaben mir zu denken!

„Die Kristallvase deiner Oma? Oh, Käthe, das tut mir leid, ich besorge dir eine ähnliche, versprochen!", sagte sie. „Kaspar ist ja doch sehr lebhaft! Er hat sie bestimmt nicht mit Absicht runtergeworfen!"

Sie schwieg eine Weile, während mein Puls nach oben schoss. Offenbar gab es mit Kaspar neue Probleme.

„Ich frage mal die Susanne, die würde ihn auch nehmen, hat sie angeboten!", sagte Annegret abschließend und ging dann weiter, sodass ich nichts mehr verstand.

Ein paar Tage später, in mir fuhren die Gedanken ohnehin schon wieder Achterbahn, hörte ich Anton und Maria über Kaspar reden. Maria wusste zu berichten, dass auch Susanne, eine Freundin von Annegret, von Kaspar die Nase voll hatte.

„Er hat ihre Vorhänge runtergezerrt und ist nicht zu halten, wenn sie mittags für die Kinder und ihren Vater kocht. Besonders wenn Fleisch auf den Tisch kommt. Bratwurst und Steak und so. Dann zerlegt er fast die Einrichtung, wenn er nichts abbekommt!", lachte sie. Annegret ließ sich mir gegenüber nichts anmerken, sie lobte meine Arbeit und zeigte sich damit sehr zufrieden. Ich sah sie nur oft telefonieren, und einmal vom Fenster aus sah ich auch Kaspar, der von einem aufgeregten jungen Mädchen an der Leine herumgezerrt wurde.

„Der Hund braucht dringend eine Hundeschule!", konstatierte Anton kopfschüttelnd. „Der mischt jeden auf! Am Anfang hatte er sicher noch Eingewöhnungsschwierigkeiten, aber inzwischen sollte er das ja überwunden haben!"

„Wer weiß, welches Trauma er erlebt hat!", wandte Erika ein, die sich zu uns ans Fenster gesellt hatte. „Annegret ist so eine Liebe, sie hat ihn da rausgeholt und würde alles für ihn tun!"

„Wenn ich mich nicht so anstellen würde mit meiner Angst, dann könnte sie ihn ja wieder ins Büro mitbringen!", sagte ich leise. Mein Gewissen setzte mir schon sehr zu. Erika hatte absolut Recht, Annegret Peuker war die beste Chefin überhaupt. Und wegen meiner Angst hatte sie nun das Problem mit Kaspar!

„Du bist nicht das Problem, das ist Kaspar!", stellte Anton jedoch klar. „Du hast ein Problem mit deiner Angst, das ist sicher, aber wenn es dich nicht beeinträchtigt ..."

Er warf mir einen zweifelnden Blick zu. Ich versuchte ein Lächeln, was misslang, weil ich mich irgendwie ertappt fühlte.

„Ich studiere auch Psychologie, schon vergessen?", grinste er.

„Gut", gab ich zu. „Es ist schon blöd, immer Angst vor Hunden zu haben, auch privat. Ich war vermutlich das einzige Kind, dass nie einen Hund haben wollte!"

„Dann unternimm doch was dagegen!", schlug Anton vor. „Also, wenn ich dich da beraten soll, sag Bescheid. Ich dränge mich nicht auf, aber dir kann geholfen werden, das weißt du doch?"

„Wie wäre es, wenn du noch mal auf die Chefin zugehst?", schlug Erika vorsichtig vor. „Ich sehe dir doch an der Nasenspitze an, dass du dich unwohl fühlst! Und ehrlich, wäre es nicht auch für dich angenehmer, wenn du angstfrei über die Straße gehen könntest?"

Ich nickte. Auch wenn mir der Gedanke, mich der Angst zu stellen, überhaupt nicht gefiel. Denn dazu würde ich unweigerlich Kontakt mit Hunden haben müssen, mit Hunden wie Kaspar womöglich, kleinen Terror-Terriern die so ungezogen waren, dass sie nicht hörten, wenn ihre Herrchen und Frauchen nach ihnen riefen. Aber andererseits gefiel mir auch die Vorstellung, mit Kaspar und seinesgleichen souverän umgehen zu können. Ich war schließlich längst erwachsen und keine fünf Jahre mehr! Ich sollte das Thema in den Griff kriegen, notfalls mit Hilfe.

Je länger ich darüber nachdachte, desto klarer wurde mir, dass ich so weit war, die Sache anzugehen.

„Andere haben Angst vor Spinnen oder vor großer Höhe, du eben vor Hunden. Das ist nichts Schlimmes, und wenn du damit leben kannst, dann musst du auch nichts dagegen unternehmen. Aber wenn du es nicht kannst, dann solltest du handeln!", riet mir auch Tatjana. „Dieser Hund braucht allerdings ganz dringend eine Hundeschule. Also mein Nachbar, der Lothar, hat eine aufgemacht. Für Problemhunde. Lothar war früher Hundetrainer bei der Polizei, der kennt sich echt aus. Dem habe ich von eurem Bürotyrannen erzählt und der meint auch, der muss lernen, auf Kommandos zu hören, und vor allem ausgelastet werden.

Wenn sich so ein Terrier langweilt, dann mischen sie alles auf. Du kannst deine Chefin ja mal zu ihm schicken!"

Auf einmal wusste ich, was ich tun musste! Gleich Montagfrüh fasste ich mir ein Herz und marschierte in Annegrets Büro.

„Ich habe gehört, dass es mit Kaspar nicht so gut läuft!", fing ich vorsichtig an. Ich hatte das Gespräch in Gedanken zwar x-Mal durchgespielt, doch mein Herz klopfte nun trotzdem bis zum Hals. Vor Aufregung, nicht vor Angst, denn ich wollte Annegret einen Vorschlag machen.

Annegret nickte und verdrehte die Augen. „Selbst Leute, die keine Angst vor Hunden haben, kapitulieren vor ihm. Mir bricht eine Betreuung nach der anderen weg und ich finde kaum noch jemanden, der ihn auch nur stundenweise nehmen will. Er hört nicht, ist zu wild und so weiter!" Sie sah richtig verzweifelt aus.

Ich erzählte ihr von Lothars Hundeschule, aus dem Internet hatte ich mir schon was ausgedruckt, das legte ich ihr vor und sie schien wirklich interessiert. „Außerdem habe ich mir überlegt, etwas gegen meine Angst zu tun!", gestand ich ihr. „Und vielleicht kommen Kaspar und ich dann irgendwann doch noch miteinander klar!"

„Das wäre schön!", lächelte Annegret. „Ich würde dich nur ungern verlieren! Und Kaspar will ich auch nicht weggeben, er hat doch nur mich. Weißt du was, ich rufe da gleich mal an. Setz dich!"

Sie griff schon zum Telefon und ich hörte, wie sie mit Lothar einen Termin vereinbarte. Mit Kaspar! Und mit mir, wie ich mit Schrecken mitbekam!

„Die bieten dort sogar einen Kurs an für Leute, die Angst vor Hunden haben! Das wäre doch die Lösung, oder?"

Auch wenn ich am liebsten gekniffen hätte, ich überwand mich und ging mit. Kaspar kläffte auch Lothar an, doch mit dem Anspringen war es ganz schnell vorbei.

„Erste Regel: Keine Angst zeigen und ihm klarmachen, wer hier der Rudelführer, sprich der Boss, ist!", sagte Lothar streng. Zu uns beiden. Denn schnell wurde klar, dass auch Annegret bei dem Kurs dabei war.

„Sie müssen lernen, Kaspar richtig zu führen!", erklärte uns Lothar. Mit mir ging er zum Glück ein wenig sanfter um, fragte tausend Sachen, dann legten wir einen Termin fest.

„Wir kriegen das hin!", nickte er uns aufmunternd zu. „Mit Übung und Dranbleiben!", sagte er zu Annegret. „Und mit ein bisschen Mut!", zu mir.

Und diesen Mut wollte ich gern aufbringen. Für Annegret und Kaspar, aber vor allem für mich selbst. Denn darauf, diese Angst jemals loszuwerden, hatte ich schon gar nicht mehr gehofft. Wozu ein neuer Job also alles gut sein kann!

Grosszügigkeit ist das Wesen
der Freundschaft.

Oscar Wilde

Der Eigenbrötler

Franz Krautvetter war bei seinen Nachbarn nicht besonders beliebt. Vielleicht lag es daran, dass er sehr zurückgezogen lebte, vielleicht daran, dass er niemals grüßte, oder vielleicht merkten die Leute auch, dass er Menschen eigentlich nicht mochte. Er verließ das Haus nur, wenn es unbedingt nötig war, und niemand hatte jemals einen Besucher bei ihm gesehen. Er hatte offenbar weder Freunde, noch Familie, was Michael Hildebrand, seinen unmittelbaren Nachbarn, nicht wunderte.

„Mit dem will doch auch gar keiner befreundet sein!", brummte er immer, wenn seine Frau ihn wieder einmal fragte, ob er denn den Krautvetter gesehen habe.

„Nicht, dass wir den eines Tages mal noch tot in seinem Haus finden!", befürchtete sie. „Er ist ja auch nicht mehr der Jüngste und er lebt schließlich ganz allein!"

„Na, so ganz stimmt das aber nicht, er hat doch immerhin seinen Hund!", entgegnete Michael mit leichtem Sarkasmus. Der Dogge-Labrador-Mischling war ihm jedenfalls deutlich lieber als der Nachbar, immerhin wedelte Doggi, wie Krautvetter den Hund tatsächlich nannte, immer fröhlich mit dem Schwanz, wann immer man ihm begegnete. Er war der freundlichste Hund, den Michael sich vorstellen konnte, und als Inhaber einer Kette von Tierzubehörshops kannte er einige Tiere. Julius, sein achtjähriger Sohn, kam

ihn gern in einer der Filialen besuchen, schon weil die Leute oft ihre Tiere mitbrachten. Julius mochte Tiere sehr, auch Doggi mochte er, leider mochte Krautvetter kleine Menschen ebenso wenig wie große.

Es war ein grauer, frischer Spätsommermorgen, als Michael zu einem frühen Termin aufbrach. Wie immer fuhr er Julius in die Schule, damit seine Frau Lydia, die als Gemeindereferentin fast nur auf Achse war, ein bisschen Zeit für sich hatte. Es nieselte leicht, ein Wetter, bei dem man nur dann vor die Tür ging, wenn man einen Hund hatte, mit dem man Gassi gehen musste, befand Michael. Deshalb wunderte er sich auch nicht über den Krautvetter und seinen Doggi, an denen sie vorbeifuhren.

„Warum durchwühlt der Herr Krautvetter denn den Papierkorb?", riss Julius seinen Vater aus den Gedanken. Michael starrte in den Rückspiegel und richtig, Julius hatte sich nicht verguckt, kaum waren sie an ihm vorbeigefahren, zog der Nachbar irgendwas aus dem Papierkorb und steckte es ein. Merkwürdig. Michael setzte Julius an der Schule ab und fuhr zu seinem Termin, doch das seltsame Verhalten des Nachbarn ging ihm nicht aus dem Kopf. Am nächsten Morgen machte er die gleiche Beobachtung und auch am Donnerstag der darauffolgenden Woche. Michael hatte sich aufgrund seiner Beobachtungen zusammengereimt, dass der Nachbar auf der Suche nach Pfandflaschen die Papierkörbe der Umgebung abklapperte. Als er Krautvetter das nächste Mal begegnete, hielt er an.

„Wie läuft es denn so, Herr Krautvetter?", fragte er und streichelte Doggi, der ihm sofort entgegengesprungen kam. Michael Hildebrand streichelte Doggi ausgiebig. Der alte Nachbar hatte zur Antwort nur kurz etwas Unverständliches geknurrt.

„Schlechtes Wetter heute", versuchte Michael Hildebrand, den Nachbarn zum Reden zu ermuntern. „Haben Sie etwas gesucht?"

Doch Krautvetter blieb einsilbig. „Was geht's jemanden an, was ich hier tue? Gehört doch keinem, der Müll! Und wer was wegwirft, will es loswerden!", brummte er.

„Aber bei dem Wetter, Herr Krautvetter, das macht man doch nicht freiwillig. Wenn ich Ihnen irgendwie helfen kann, dann sagen Sie es bitte!"

Krautvetter blitzte ihn fast schon böse an. „Ich brauche niemanden, klar? Ist mein neues Hobby! Ist ja nicht verboten, oder?", sagte er, drehte sich um und ließ den verdutzten Michael stehen. Irritiert starrte er den beiden nach, bis ihm aufging, dass er langsam nass wurde.

„Was ist denn das für ein Mist, den er mir da aufgetischt hat?", regte er sich abends zu Hause auf. Lydia war gerade vom Glaubensgesprächskreis gekommen, wo Franz Krautvetters angebliches neues Hobby gleichermaßen zur Sprache gekommen war. Entsprechend genervt versuchte sie, das Thema abzuwürgen.

„Frau Hellig hat ihn auch schon gesehen und der Küster ebenfalls, er rückt nicht raus mit der Sprache, was los ist!", berichtete sie.

„Der Pfarrer vermutet, dass er vielleicht finanzielle Probleme hat und niemanden um Hilfe bitten möchte! Aber genau wissen tun wir es natürlich nicht. Und da er sehr zurückgezogen lebt und wie du ja weißt mit niemandem groß Kontakt hat ...“

Lydia verdrehte die Augen. Unzählige Male schon hatte sie versucht, den alten Sturkopf in die Gemeinde zu integrieren, ohne Erfolg. Er wollte weder mit den Menschen, noch mit der Kirche als solches etwas zu tun haben.

„Nein, Hilfe will er nicht! Da war er sehr deutlich!“, stimmte Michael ihr zu. „Vielleicht ist etwas mit dem Haus nicht in Ordnung? Die Energiekosten sind ja so gestiegen! Oder es ist was kaputt und er kann es nicht reparieren lassen? Nicht, dass sie ihm das Wasser abgestellt haben!“, überlegte er laut und fragte sich insgeheim, warum er sich darüber eigentlich den Kopf zerbrach. Der alte Mann war nie nett, grüßte nicht mal, aber ihn deshalb ignorieren? Das brachte Michael nun auch nicht übers Herz. Bei innerlichen Kämpfen wie diesen fühlte er sich mit einem Schlag wieder wie neun und spürte den strengen Blick seines Vaters auf sich ruhen; christliche Nächstenliebe war gelebte Praxis in seiner Familie gewesen, und die war nie davon abhängig, wie nett oder unfreundlich das Gegenüber gerade war. Michael schob den Gedanken schnell beiseite und sagte: „Aber wenn er nichts sagt, kann man ihm auch nicht helfen und ich für meinen Teil respektiere die Privatsphäre anderer Leute!“ Lydia grinste. Sie kannte ihren Mann recht gut, Michael war eine der finanziellen Stützen der Gemeinde, als Unternehmer verdiente er gutes Geld und er war stets bereit zu teilen.

Michael Hildebrand behielt den Nachbarn nun im Auge, denn seine Neugier war geweckt. Rätsel und Geheimnisse hatten ihn schon immer fasziniert, Menschen sowieso. Hätte er damals Lydia nicht kennengelernt, Michael hätte sich gut vorstellen können, Priester zu werden. Doch sein Weg war anders verlaufen und er war weit davon entfernt, darüber unglücklich zu sein. Lydia und er führten eine glückliche Ehe, und als Julius vor acht Jahren geboren wurde, war er der glücklichste Mensch auf der Welt. Und so fühlte er sich immer noch, auch wenn aus dem kleinen süßen Baby längst ein aufgeweckter Junge geworden war, der begann, seinen eigenen Kopf durchzusetzen. Deshalb wunderte es Michael auch gar nicht, dass Julius sich so seine eigenen Gedanken machte.

„Es geht bestimmt um Doggi!", sagte er zu seinem Vater. „Der Herr Krautvetter hat doch mal gesagt, dass er ihn aus einer Mülltonne geholt und aufgezogen hat. Vielleicht ist Doggi krank? Er humpelt ja auch ganz komisch!"

Michael musste sich ein Grinsen verkneifen. Julius hatte dem alten Nachbarn die Story mit dem Hund aus der Mülltonne tatsächlich abgekauft, er selbst hegte da so seine Zweifel, vielmehr hatte er den Eindruck gehabt, der Mann hatte sie beide nur schnell abwimmeln wollen. Trotzdem, überlegte er, Julius konnte mit seiner Annahme, der Hund hätte etwas mit dem angeblich neuen Hobby zu tun, richtig liegen. Wie zur Bestätigung sah er Doggi beim Blick aus dem Fenster im Garten herumflitzen. Wenn Krautvetter den Hund allein in seinem verwilderten Garten rumlaufen ließ, nutzte Julius gern mal die Gelegenheit, sich an den Zaun zu stellen und den Hund zu streicheln. Und auch jetzt stand er am Gartenzaun und streckte seine Hand dem Mischling entgegen. Doggi kam auch gleich angesaust und genoss sichtlich die Streicheleinheiten. Natürlich hatte Julius, wie Michael kopfschüttelnd registrierte, doch wieder eine Tüte Leckerli dabei. Krautvetter war das gar nicht recht, also hatten Michael und Lydia schweren Herzens beschlossen, Julius keine mehr zu kaufen, doch das hielt den Jungen nicht davon ab, sein Taschengeld dafür einzusetzen. „Ich mag auch Schokolade und freue mich, wenn ich bei Oma mal mehr davon kriege!", hatte er argumentiert. Als Krautvetter pfiff, sauste Doggi wieder zurück und Michael konnte sehen, dass er irgendwie seltsam lief. Langsamer irgendwie und schwerfälliger als sonst.

„Schön, wenn es sich anbietet, dann spreche ich den Krautvetter noch mal drauf an!", versprach Michael seinem Sohn, der ihn natürlich sofort auf Doggis seltsamen Gang aufmerksam machte. Dass Julius das nicht selber machen wollte, verstand Michael gut. Krautvetter war schroff und abweisend zu allen Menschen, auch zu Kindern, und Julius war ein durchaus sensibles Kind.

Wie es der Zufall wollte, sah Michael in den nächsten Tagen den Nachbarn morgens nicht durch die Gegend streifen. Erst dachte er, Krautvetter hätte seine morgendliche Papiereimer-Runde wieder aufgegeben. Dann erzählte ihm Lydia, dass ihn der Küster ein paar Straßen weiter in der Nähe des Landgasthofs, der nur so hieß, weil er direkt neben einem Feld und keineswegs auf dem flachen Land gelegen war, gesehen hatte.

„Er ist auch in der Innenstadt gesehen worden, überall da, wo man auch spät abends noch Bier kaufen kann. Er kauft aber wohl nichts, schaut nur in die Papierkörbe nach Flaschen. Die Heidi, du kennst sie ja", Lydia verdrehte genervt die Augen, „hat sogar die Probe aufs Exempel gemacht und extra eine leere Bierflasche neben einen Papierkorb gestellt. Vorn, an der Bushaltestelle! Und dann hat sie gesehen, wie der Krautvetter sie eingesteckt hat!" Michael sah Lydia fragend an.

„Und? Was soll ich da nun machen? Ich habe ihn gefragt, er will nicht reden und ich gehe ganz bestimmt nicht rüber, klingele bei ihm – und hole mir eine weitere Abfuhr ein!"

„Nein, das erwartet ja auch keiner, aber ..."

„Papa, Mama, schnell!", hörten sie Julius aus dem Garten rufen. Und Michael befürchtete zunächst das Schlimmste, zumindest so lange, bis er seinen Sohn aufgeregt am Zaun rumzappeln sah. „Der Doggi, guck mal Papa, der ist einfach umgefallen!"

Nur Sekunden nach ihnen kam auch Krautvetter aus seinem Haus geschossen, schneller, als Michael es ihm zugetraut hätte. Er kniete sich neben Doggi, während Julius seinen Vater bestürmte, doch irgendwas zu machen.

„Brauchen Sie Hilfe?", rief Michael, doch der Nachbar schien ihn nicht zu hören. „Kommen Sie, Mann, der Hund braucht doch Hilfe. Los, ich fahre Sie jetzt zum Tierarzt!", rief Michael lauter. Nun schien der Nachbar auch zu reagieren. Michael nutzte die Chance und deutete Richtung Straße. „Kriegen Sie ihn allein hoch? Oder soll ich rüber kommen?", fragte er.

„Ich krieg ihn allein hoch!", sagte Krautvetter und stemmte den Hund keuchend hoch. So leicht war Doggi wohl doch nicht, zumal er offensichtlich bewegungsunfähig war.

Julius klammerte sich an seine Mutter und Lydia tat ihr Bestes, ihn zu beruhigen.

„Bitte, Papa, ihr müsst Doggi helfen, ja?", sagte er. Michael nickte ihm aufmunternd zu, wehrte sich aber dagegen, ihn mitzunehmen.

„Wer weiß, was mit dem Hund ist!", raunte Michael Lydia zu, bevor er den Autoschlüssel schnappte.

Draußen lief ihm Krautvetter mit Doggi auf dem Arm schon entgegen. Ohne viele Worte legten sie den Hund auf den Rücksitz, Krautvetter kletterte mit nach hinten und nahm Doggis Kopf auf den Schoß. Wie sehr es in dem alten Mann arbeitete, sah Michael deutlich im Rückspiegel. Sein Vater fiel ihm wieder ein, der ihm schon früh beigebracht hatte, nicht nur auf das zu achten, was jemand sagte.

„Sei freundlich zu allen Leuten, egal welches Gesicht sie dir zeigen!", hatte er immer gesagt. „Du weißt nie, welche inneren Kämpfe sie gerade führen. Und vielleicht sind deine freundlichen Worte die einzigen, die sie heute hören werden!" Danach versuchte sich Michael noch heute zu richten, auch wenn es ihm, insbesondere bei Leuten wie seinem alten Nachbarn, schwer fiel. Er warf einen weiteren Blick in den Rückspiegel. Krautvetter hatte sich tief zu dem Hund hinuntergebeugt und schien leise auf ihn einzureden. Er sah, wie seine Lippen sich bewegten, verstand jedoch kein Wort. Betete er etwa?, schoss es ihm durch den Kopf. Doch den Gedanken schob er schnell wieder beiseite.

In der Tierklinik angekommen, überließ Krautvetter Michael das Reden. „Gab es schon andere Vorfälle dieser Art?", wollte der Arzt wissen, der sich schon wenig später um Doggi kümmerte. Der Hund lag inzwischen auf einem Untersuchungstisch und eine unglaublich freundliche junge Frau kümmerte sich wirklich rührend um ihn. Da war offenbar selbst Krautvetter nicht mehr zum Poltern zumute, registrierte Michael. Sie kraulte den Hund zärtlich am Kopf und redete immerzu auf ihn ein. Doggi selbst war nicht bewusstlos, wie Michael angenommen hatte, sondern er begann nun leise zu wimmern und zu jaulen und das in einer Tonlage, die Michael, so befürchtete er, wohl sehr lange nicht mehr würde vergessen können. Es war, als könne er den Schmerz des Hundes selbst körperlich spüren, so sehr drangen ihm die Töne durch Mark und Bein. Krautvetter schien es ähnlich zu gehen. Der Arzt indes erwartete seine Antwort.

„Vor ungefähr drei Monaten ging es los, da hatte er beim Gassigehen einen kleinen Unfall!", berichtete er stockend. „Wir sind die Treppe am Hallmarkt heruntergegangen, Doggi ist mehr gesprungen, die letzten Stufen dann auch gestolpert. Ich hab mir nichts dabei gedacht, dann begann er zu hinken. Unser Tierarzt meinte beim Impfen dann, er hätte einen leichten Bandscheibenvorfall!"

Die letzten Worte waren kaum noch zu hören. Der Arzt nickte verstehend, während Michael zwischen den beiden irritiert hin und her sah. Ein Bandscheibenvorfall beim Hund, insbesondere bei Rassen, die dafür prädestiniert sind wie Doggen und andere große Hunde, auch Mischlinge wie Ihrer, muss fast immer operiert werden, ansonsten ..." Der Arzt

ließ das Ende offen und Michael begann langsam zu ahnen, was in dem alten Mann vorging. „Sie haben doch eine Versicherung, oder?", fragte der Arzt weiter. Michael musste gar nicht zur Seite schauen, um Krautvetters Reaktion zu sehen, er konnte sich die Antwort denken. Der Arzt zog die Stirn kraus, nickte dann jedoch. „Wir schauen uns Doggi erst mal an, machen ein paar Tests, Reflexe und so weiter, dann müssen wir noch röntgen. Und dann reden wir weiter, einverstanden?"

Michael hatte nicht den Eindruck, dass der Arzt ihnen eine Wahl ließ, also führte er den alten Mann, der offenbar wirklich unter Schock stand – anders konnte er sich dessen Schweigen nicht erklären – in den Wartebereich. Dort saßen sie eine Weile stumm nebeneinander, bis Michael es nicht mehr aushielt.

„Wie sind Sie eigentlich zu Doggi gekommen?", fragte er. „Ich weiß, Sie haben Julius die Geschichte von der Mülltonne aufgetischt, aber mal ernsthaft …"

Krautvetter sah ihn an und Michael schluckte. Der Blick ging ihm durch und durch.

„Die Geschichte stimmt?", fragte er ungläubig. „Aber wer in Gottes Namen wirft denn Hundewelpen in eine Mülltonne?" Michael war so entsetzt, dass er unwillkürlich laut geworden war. Krautvetter zuckte zusammen, dann brummte er: „Na so ein Gutmensch wie Sie einer sind! Geld sammeln für Kinder in Afrika, aber einen Hund verrecken lassen! Ist ja nur ein Tier, nur eine Sache! Ich war bei der Polizei, ich wollte die Strolche anzeigen, aber was denken Sie, was die gesagt haben? Ich soll mich mal nicht so aufregen, ist doch nur ein Hund! Und der ist trotz Tierschutz im Grundgesetz erst mal nur eine Sache. Die darf man offenbar entsorgen, nur Tierquälerei steht unter Strafe. Und ich konnte ja keinen benennen, der Doggi gequält hätte, er wurde ja auch nur der Mutter von der Zitze gerissen, nicht geschlagen oder so! Doggi ist nicht mein erster Hund! Meine beiden früheren hatte ich aus dem Tierheim, die stammten aus Fehlzüchtungen und wurden auch ausgesetzt! Also keine einmalige Sache, die sonst nie vorkommt!"

Michael wurde ganz flau im Magen, so langsam konnte er die Abneigung des Mannes gegenüber manchen Leuten gut verstehen. Auf einmal stand Julius vor ihnen.

„Ich bin mit meinem Fahrrad gekommen, der Max auch!", keuchte er und guckte seinen Vater fragend an. „Was ist mit Doggi?"

Krautvetter schüttelte den Kopf und die beiden Jungs – Max war nun auch zu ihnen gestoßen – stöhnten auf. „Aber die können ihm doch helfen?", fragte Julius verzweifelt.

„Mein Sohn hat Ihren Hund sehr in sein Herz geschlossen und Max ist sein bester Freund!", erklärte Michael. „Ich hatte doch gesagt, du wartest zu Hause!", sagte er dann streng zu Julius. Dem schossen nun die Tränen in die Augen, was Max veranlasste, seinen Freund zu verteidigen.

„Ich bin zufällig vorbeigekommen und da hat Julius mir erzählt, dass Doggi krank ist. Und dann sind wir nur mit dem Fahrrad eine Runde gefahren und standen plötzlich hier vor der Tierklinik, wo ja auch Ihr Auto draußen steht. Wir haben es erkannt und dachten, wir könnten ja mal fragen, was mit Doggi ist!"

Max blieb ganz ernst bei seiner Geschichte, während Michael und sogar Franz Krautvetter sich bei aller Tragik das Grinsen verkneifen mussten.

„Wenn Sie Geld brauchen, ich habe noch Taschengeld übrig!", bot Julius dem Nachbarn an. Max nickte. „Ja, ich auch! Wenn es hilft, Doggi gesund zu machen!"

Krautvetters Augen weiteren sich vor Überraschung. „Ich brauche nichts!", brummte er dann, jedoch schon deutlich leiser und milder, als es sonst seine Art war.

„Das ist total nett von euch und Herr Krautvetter kommt sicher darauf zurück, wenn es nötig sein sollte!", lobte Michael die beiden Jungs. Die setzen sich nun ungefragt neben sie und warteten mit ihnen. Es dauerte noch über eine Stunde, dann stand das Ergebnis der Tests fest und der Arzt bat sie wieder ins Sprechzimmer. Den beiden Jungs, die ihnen unaufgefordert folgten, warf er jedoch einen sehr bezeichnenden Blick zu, der Michael alarmierte.

„Wartet ihr hier, da drin wird es sonst zu eng!", versuchte er die Jungs zurückzuhalten, doch Julius war bereits vorgeprescht. Dann kam das, was Michael befürchtet hatte.

„Doggi muss schnellstens operiert werden, am besten sofort oder spätestens morgen. Allerdings sind die OP-Kosten ohne eine Versicherung ziemlich hoch, wir reden von ungefähr 1.800 Euro, gegebenenfalls mehr. Eine Anzahlung oder zumindest eine schriftliche Kostenübernahme wäre sofort fällig. Ohne Operation wird er nicht wieder gesund, er würde ziemlich leiden und langsam ..." Der Arzt sah fragend zu den beiden Jungs und verkniff sich das Ende des Satzes. „Alternativ könnten Sie Doggi aber auch von seinen

Schmerzen erlösen und ihm weitere Qualen, die er ohne die nötige Operation zweifellos hätte, ersparen!", sagte er dann deutlich leiser.

„Doggi soll eingeschläfert werden? Nein!", protestierten Max und Julius sofort und Michal sah, wie Krautvetter die Tränen in die Augen schossen.

„So viel Geld habe ich nicht!", hörte Michael den alten Mann sagen. „Aber ich kann es abzahlen! Von meiner Rente und dann habe ich ja noch einen Nebenverdienst ..."

„Ich komme dafür auf!", unterbrach ihn Michael. Den Nebenverdienst konnte er sich nun denken. Und dass Franz Krautvetter keine üppige Rente bekam, war auch klar. Dazu musste er sich nur den Zustand des Hauses ansehen.

„Aber das geht doch nicht ...", protestierte Krautvetter lahm. Michael sah, wie es in dem alten Mann arbeitete. Jetzt oder nie, dachte er. „Machen Sie alles fertig, ich unterschreibe, und operieren Sie ihn so schnell wie möglich!", sagte Michael bestimmt. Der Arzt fragte nicht weiter, sondern schob sie allesamt wieder in den Wartebereich. „Die Operation kann gut zwei Stunden dauern, wir können jetzt noch operieren, ich habe alles da. Es eilt wirklich, gute Entscheidung!", sagte er – und ging davon.

Krautvetter setzte sich wieder, offenbar war er nicht geneigt zu gehen. Also setzte sich Michael dazu. Und die beiden Jungs ebenfalls. Zunächst sagte keiner ein Wort, dann war es ausgerechnet der alte Mann, der das Schweigen brach.

„Ich zahle alles zurück!", sagte er zu Michael. „Ich hatte noch nie in meinem Leben Schulden, aber ich habe auch keine Ansprüche. Ich brauche nicht viel, deshalb komme ich

gut aus mit der Rente. Doch das Dach war kaputt, ich konnte es nicht selbst reparieren, dafür hab ich meine Reserven
aufgebraucht. Hätte ich gewusst, dass Doggi ..." Dem alten
Mann versagte die Stimme.

„Dann hätten Sie das Dach trotzdem reparieren müssen!
Auch wenn Sie das Geld mit Sicherheit lieber für Doggi aus-
gegeben hätten!", vervollständigte Michael den Satz.

„Ich kann das trotzdem nicht annehmen! Ich bin nicht so
einer! Ich mag Menschen nicht, mochte ich noch nie. Ich
bin gern für mich, kümmere mich um Tiere und meine Bü-
cher. Mehr brauche ich nicht. Vermutlich werden Sie nun
denken, dass ich in Zukunft besonders nett bin oder sonst
was! Jeder erwartet doch was, wenn er was gibt! Umsonst
ist nicht mal der Tod, selbst der kostet einen das Leben!"

Micheal ließ ihn reden. Erst als er eine Weile ruhig war, die
Jungs hatten sich inzwischen in eine andere Ecke verdrückt,
ergriff er das Wort.

„Ich weiß, was Sie meinen!",
gab er Krautvetter zunächst
Recht. „Die meisten Menschen
erwarten tatsächlich immer eine
Gegenleistung, wenn sie etwas
geben. Kenne ich auch zur Ge-
nüge, keine Frage. Aber dann, ob
Sie es glauben oder nicht, gibt
es Leute wie Sie und mich und
noch ein paar andere. Wir geben
auch gern, ohne dass wir etwas
zurückbekommen! Ich für mei-

nen Teil kann sogar auf das Wort ‚danke' verzichten, bei mir muss sich keiner bedanken. Aber ich will abends noch in den Spiegel schauen und mich nicht vor mir selbst schämen müssen, weil ich jemandem hätte helfen können und ihn allein gelassen habe. So bin ich nicht und so möchte ich auch nicht sein, ganz einfach."

Michael deutete in Richtung der beiden Jungs. „Weil Sie nicht wollten, dass Julius Doggi ständig Leckerli gibt, hat meine Frau aufgehört, welche zu kaufen. Und wissen Sie, was Julius nun macht? Er kauft sie von seinem Taschengeld, so einfach löst er das Problem. Lydia und ich tun derweil so, als würden wir das nicht bemerken. Um es mal in Zahlen auszudrücken, er bekommt drei Euro Taschengeld die Woche, die Tüte mit den Leckerli kostet 1,99 Euro. Sie können nun selber ausrechnen, wie viel Taschengeld ihm da bleibt! Aber er sagt kein Wort! Er freut sich, wenn er von Oma und Opa was zugesteckt bekommt, klar, er ist ein Kind. Aber dem Hund immer mal einen guten Happs zuzustecken, ist ihm wichtiger als Geld. Und so erziehen wir ihn auch, verstehen Sie?"

Der alte Mann sagte nichts und Michael hoffte, dass die Botschaft bei ihm angekommen war. Plötzlich kamen die Jungs zu ihnen rüber.

„Wir haben eine Idee!", sagte Julius mit leuchtenden Augen. Franz Krautvetter guckte ihn ganz verdattert an.

„Wir haben ja unseren Kommunionsunterricht einmal die Woche!", begann Julius stockend, aber immer sicherer werdend. „Und da wir uns ja dort ständig irgendwelche Projekte ausdenken, werden Max und ich vorschlagen, dass wir einen Basar für Doggi veranstalten. Wir basteln Sachen und bitten die Leute um Dinge, die sie nicht mehr brauchen, das verkaufen wir dann. Und außerdem können wir ja auch noch Mama und die anderen Mütter bitten, Kuchen zu backen! Dann veranstalten wir auch mal sonntags nach dem Gottesdienst einen Kuchenbasar! Das machen andere doch auch, vergangene Woche wurde für die Orgelrestaurierung einer abgehalten! Das erlaubt der Pfarrer bestimmt!"

„Ja, und wir fragen den Gospelchor, mein Papa singt ja da mit, ob sie nicht ein Benefizkonzert für Doggi veranstalten! Da bitten wir dann auch um Spenden. Ich bin sicher, für Doggi geben alle gerne was!"

Michael kam aus dem Staunen gar nicht mehr raus, die Jungs hatten offenbar schon konkrete Pläne geschmiedet. Krautvetter hatte es nun völlig die Sprache verschlagen.

„Das ist ein Notfall, da müssen wir alle zusammenhalten!", setzte Max sogar noch eins drauf. „Julius hat mir erzählt, dass Sie Doggi aus einer Mülltonne gerettet haben! Wenn ich groß bin, will ich auch was mit Tieren machen, Tierarzt oder so."

„Das sind wirklich schöne Ideen!", lobte Michael die beiden. „Und wir werden in Ruhe besprechen, was davon umsetzbar ist, einverstanden?", sagte er zu den Jungs.

„Na, wir machen das alles, Papa!", sagte Julius eifrig. „Wir schaffen das!"

„Mut haben die beiden ja!", brummte Krautvetter. „Sehr engagiert, ihr zwei, wirklich! Früher, als ich noch besser konnte, war ich bei PETA, wisst ihr, was das ist?"

„Eine Tierschutzorganisation!", kam es von Max wie aus der Pistole geschossen zurück. „Meine Schwester hat so

ein Plakat von denen in ihrem Zimmer, gegen Pelze in der Mode!"

Krautvetter nickte. „Gute Sache. Klingt ja ganz vernünftig, deine Schwester!"

Michael merkte, wie schwer es seinem alten Nachbarn fiel, die richtigen Worte zu finden. Unfreundlich zu sein, war offenbar leichter, als aufmerksam und nett.

„Wir finden einen Weg, macht euch jetzt keine Sorgen! Das Wichtigste ist erst einmal, dass der Hund die Operation gut übersteht!", sagte Michael.

Die Jungs hätten am liebsten sofort losgelegt, allerdings konnten sie sich auch nicht überwinden, loszuradeln ohne zu wissen, wie es Doggi ging. Die Operation dauerte an, Minuten fühlten sich an wie Stunden und die Zeit zog sich wie Kaugummi. Krautvetter hing ebenso seinen Gedanken nach wie Michael und schien froh, dass er nicht reden musste. Michael ließ ihn in Ruhe. Als der Arzt nach einer gefühlten Ewigkeit endlich vor ihnen stand und berichtete, dass alles gut verlaufen war, fiel allen ein Stein vom Herzen. Krautvetter bestand darauf, Doggi zu sehen, der allerdings noch in Narkose lag. Er durfte trotzdem kurz zu ihm.

„Er muss hier bleiben, noch ein oder zwei Tage, dann kann er nach Hause, und mit viel Glück braucht er auch keine Anschlussbehandlung!", erklärte ihnen der Arzt.

„Ich und viel Glück!", brummte Krautvetter.

„Na, warum denn eigentlich nicht Sie auch mal?", brummte Michael. So viel Pessimismus war nur schwer zu ertragen. „Und bitte, lassen Sie den Jungs den Spaß! Sie wollen sich engagieren, jetzt haben sie eine gute Gelegenheit, auch andere von einem gemeinsamen Ziel zu überzeugen und zur Mitarbeit zu motivieren. Es wird für die beiden eine ganz schöne Herausforderung und sie brauchen Mitstreiter, sie sind ja erst in der dritten Klasse. Aber auch in dem Alter kann man schon was bewegen. Sie wissen doch, was Hänschen nicht lernt ..."

Er nickte Krautvetter bedeutungsschwer zu. Der schien langsam zu verstehen. Michael sprach weiter: „Mir ist es wichtig, dass die Jungs lernen, sich zu engagieren. Aber dafür brauche ich Ihre Hilfe! Lassen Sie zu, dass die beiden was tun! Verweigern Sie sich nicht! Glauben Sie mir, die beiden wollen Ihnen und Ihrem Hund helfen, weil sie Tiere lieben! In dem Alter haben sie noch nicht die Hintergedanken, die Erwachsene oft haben!"

„Klar, von mir aus!", brummte Krautvetter. „Das Flaschen-

sammeln bringt leider ja wirklich nicht viel. Aber ich beteili-
ge mich nach meinen Möglichkeiten!"

Michael nickte. „Nach Ihren Möglichkeiten, Herr Krautvetter!"

„Franz!", brummte der und streckte Michael die Hand hin.
„Ich bin der Franz!"

Michael ergriff sie und spürte, dass der Anfang gemacht
war. Franz Krautvetter würde wohl nie besonders aus sich
herausgehen und vielleicht auch nie zu seinen Lieblings-
nachbarn gehören. Aber er war gewillt, sich ein bisschen
zu öffnen und seinen Mitmenschen eine Chance zu geben.

In den folgenden Wochen stellte Michael erstaunt fest, dass
Max und Julius mit ihrer „Hilfe für Doggi"-Aktion eine Welle
in Bewegung gesetzt hatten, die immer weitere Kreise zog.
Sie hatten nicht nur ihre Ideen in die Tat umgesetzt, sondern sogar die Theater-AG ihrer Schule dazu gebracht, zwei
Vorstellungen zu geben, die vollständig ausverkauft waren.
Selbst Franz Krautvetter und den inzwischen genesenen
Doggi hatten sie bewegen können zu kommen, die beiden
bekamen natürlich Ehrenplätze. Als der Applaus verhallte
und Julius noch ein wenig schüchtern auf der Bühne stand,
bellte ihm Doggi aufmunternd zu und wedelte mit dem
Schwanz, das machte dem Jungen Mut, vor so vielen Leuten zu sprechen und ihnen zu danken. Auch sonst erholte
sich Doggi schnell und zum Glück blieb ihm eine weitere
Behandlung erspart, er brauchte auch keine dauerhafte Phy-
siotherapie oder sonstige Medikamente, wie Franz Michael
nach der Vorstellung erzählte.

„Max' Schwester hat mich gefragt, ob ich ihr nicht mal was

von meinen früheren PETA-Aktivitäten erzählen könne, am liebsten vor der ganzen Gruppe!", berichtete er Michael weiter. „Das musst du dir mal vorstellen! Da wollen die die alten Geschichten wirklich hören!", wunderte er sich. Michael grinste. „Tierschutz, lieber Franz, war vor dreißig Jahren ein Thema und ist es heute auch noch!"

„Leider!", brummte Franz. „Leider ist es noch nötig! Es funktioniert nicht ohne!"

Michael nickte und verkniff sich die Bemerkung, dass es ohne engagierte Menschen aber auch nicht ging. Und sein Blick wanderte zu Julius und Max, die sichtlich stolz die Besucher der Veranstaltung verabschiedeten und um eine Spende baten.

„Wir haben jetzt sogar mehr Geld zusammen, als die Operation gekostet hat!", freuten sich die beiden hinterher und beschlossen, das Geld für notleidende Tiere zur Seite zu

legen. Und Michael bot ihnen an, sich darum zu kümmern. Vielmehr musste er in dem Fall gar nicht tun, stellte er zufrieden fest. Draußen im Garten tollten Max und Julius mit Doggi rum, während Franz Krautvetter friedlich auf seinem Stuhl auf der Terrasse hockte und ein Buch las. Ein Anblick, der zwar ungewohnt, aber wirklich schön war, fand Michael.

Kein Glück
des Lebens
ist dem
vergleichbar,
einen
zuverlässigen
Freund
zu besitzen.

Joseph Addison

Fotonachweis